マイホームは価値ある中古マンションを買いなさい！

日下部理絵
Rie Kusakabe

ダイヤモンド社

はじめに

新築と中古の逆転現象が起きている

本書を手に取っていただき、ありがとうございます。

この本に興味をもたれたということは、おそらく中古マンションの購入を検討中か、失敗しないために事前に情報を仕入れたい、勉強をされたいという方でしょう。

中古マンションに限らず住宅の購入は、ほとんどの方にとって、これまでで一番高い買い物になるでしょう。「失敗できない」買い物の最たるもの、それが住宅の購入（中古マンション）ではないでしょうか。

そして、「新築ではなく中古を」と考えたみなさんのご判断は、とても賢い選択だと言えます。なぜなら、近年は中古マンションが大いに注目されているからです。

実際にマンションの販売状況を見てみると、最近よく売れているのは新築ではなく中古マンションです。2016年の「新築マンションの供給戸数」と「中古マンションの成約件数」を比較すると、新築の供給戸数3万5772戸に対して中古の成約戸数は3万7189戸（東日本不動産流通機構）となっています。

中古の成約戸数が新築の供給戸数を抜き去るという「逆転現象」が起きているのです。皆さんの興味がわくお気持ちがよくわかります。

中古マンションの4つのメリット

中古マンションの購入には、新築にはない多くのメリットがあります。

一番のメリットは、**新築に比べて物件価格が安いこと**です。

土地価格や建築資材、人件費が値上がりして、新築マンションの価格が高騰しています。都心でファミリータイプの新築マンションを買おうと思うなら、まず5000万円はくだらないでしょう。莫大な住宅ローンを組む覚悟が必要になります。

しかし、中古マンションなら、「都心にマイホームを持ちたい」という夢をかなえることができます。

特に人気のあるエリアですと新築物件が出てもとても高くて手が出ないかもしれませんが、そうした地域でも、中古物件なら購入することが可能なのです。

2つめのメリットは、**「現物を確認したうえで購入できる」**ということです。

新築マンションを買う場合、多くの方はモデルルームやパンフレットを見たり、担当者の説明を聞いて、この先1～3年後に完成するマンションを「想像して」購入に踏み切ります。

しかし、プロでもないかぎりそれら限られた情報から、実物を想像するのは至難の業です。実際に「イメージと違った」という新築マンション購入者からの不満の声は、よく耳にします。

でも、中古マンションであれば、実際に現地に行き、その部屋に入って自分の目で確認することができます。窓からの眺望も、周囲の環境なども事前に確認することができ、住んだイメージがわきやすいので、心配や不安を下見の段階で排除することができます。

特に再開発の新築マンションの場合、街が完成していない中で購入しなければいけないのですが、中古物件では日常の買い物など生活利便性も確認できます。

また、ちょっとした勇気が必要かもしれませんが、今の所有者になぜ売るのか理由を確認し、購入予定の部屋のお隣や上下階の住民の方に住み心地などについて話を聞くこともできます。

さらに、管理会社の人や管理組合の人と話すこともできます。特にそのマンションの現場をよく知る、管理員さんとお話することをおすすめいたします。マンションは「管理を買え」などとよく言われますが、管理組合が実際にどれくらい機能しているかも、しっかりチェックして検討することが重要です。

3つめのメリットとしては、**中古物件で浮いた資金で自分好みにリフォームなどをしたり、お気に入りの家具や家電を購入できる**こと。

そして4つめは、新築は入居や引渡し時期などが限られますが、**中古は交渉したり、自分のタイミングで購入できる**ことです。

「価値ある中古マンション」を手に入れるための知識を網羅

ここからは少し私の話をさせてください。私は2001年に実施された、第1回マンション管理士試験に合格して以来、早いもので約15年ものあいだ、1000棟にもおよぶ様々なマンション管理に携わってきた、マンションや管理のプロです。

マンション管理士とは、２０００年12月1日マンション管理の適正化の推進に関する法律（マンション管理適正化法）の成案に基づいて新たに創設された国家資格です。マンションに関連する法律や専門知識をもって分譲マンションの管理組合や区分所有者からの相談に応じ、管理組合の運営や管理について適正なアドバイスや指導を行う専門家のことです。

かっこよく言うなら「マンションドクター」という呼び方をされることもあります。マンションに関わる総合内科のようなイメージをしていただくとわかりやすいでしょう。

独立するまでには、分譲マンションの管理会社の社員として、常時15管理組合以上のマンションのフロント担当者や研修担当などの職を歴任してきました。

また、私自身も幼少から親が購入した新築分譲マンションに住み、その間いくつかの分譲マンションを渡り住み、現在も分譲マンション住まいと、すでにマンション住民歴は30年以上になります。

専門家、管理会社、住民という相反する3つの顔や立場を経験してきた人間は、マンションの業界においてもそう多くはありません。

マンションの専門家の立場だからこそ見えたもの、分譲マンション管理会社の従業員だからこそ見えてしまったもの、そしてマンション住民だからこそ感じたことがあります。本書には、それら3つの立場から得た知識や経験、ノウハウを注ぎ込みました。

中古マンションのなかにはもちろん、欠陥や瑕疵《かし》、管理不全がある「ババ物件」をつかまされる不安がないわけではありませんが、そのような不安は中古マンションを知り尽くした私が本書できっちりと解消していきますので、どうかご安心ください。

本書には、皆さんが資産価値の落ちない価値ある中古マンションを手に入れることができるように、ダマされないために必要な知識と情報を詰め込みました。

物件を下見に行かれる前に、ぜひ、ご一読いただければ幸いです。また、現地見学時に使用できるチェックリストも収録しましたので、ご活用ください。

皆さまのお役に立てれば、著者としてこんなに嬉しいことはありません。ぜひ、価値ある中古マンションを手にできますように。

日下部　理絵

2019年1月

マイホームは価値ある中古マンションを買いなさい！

目次

第1章

中古マンションが「賢い選択」である5つの理由

第2章 中古マンションを購入するベストなタイミングとは？

第3章

価値ある中古マンションの見つけ方・探し方

第4章 「中古マンション」はここを見て選びなさい！

第5章 ババ物件をつかまないための見抜き方

第6章 内在するマンショントラブルを見抜く方法

第7章 値引き交渉を成功させる6つのポイント

第8章

住宅ローンとの賢い付き合い方

第1章

中古マンションが「賢い選択」である5つの理由

Valuable Secondhand condominium 01 中古マンションはメリットがいっぱい

マイホームは人生で一番高い買い物といわれます。

当然、買うのと借りるのとどっちがお得なのか、と悩む人も少なくないでしょう。いつ来るかわからない大地震や転勤、はたまたリストラなど、購入することが大きなリスクにつながる可能性はあります。

でも、マイホームを購入することで、老後の安心が手に入ると考えれば、購入への決断もむずかしくはないでしょう。

その際に、私がいちばんにおすすめしたいのが**価値ある中古マンション**です。

新築ではなく中古に目を向けることで、資産価値に影響する立地や部屋の広さなどの選択肢も、ぐっと広がります。

さらに**マンションの管理状況などを見てから判断できるので、実際に住んだ場合のイメージもつかみやすいでしょう。これは、中古マンションの大きな魅力**です。

他にも中古マンションの魅力はたくさんあります。一つひとつ見ていきましょう。

価格が安い

中古マンションは築年数にもよりますが、同程度の立地の場合、新築より1~5割程度価格が安いといえます。

たとえば、首都圏では、**新築と比べて平均成約価格で2000万円以上の差**がでています。将来的に転売するなどの可能性も踏まえて資産価値を重視するならば、「利便性が良く、値下がり率の低い都心部の中古マンション」を買うのは賢い選択です。

しかし、少しでも価格を抑えたいということなら「都心から離れた郊外の中古マンション」がおすすめです。

なおバブル期に建設され、新築時は高嶺の花だった物件も、今では大幅に値下がりしている物件も少なくありません。かつて憧れだったエリアに住めるかもしれない。中古マンションなら、そんな夢を叶えることができます。

図表1 首都圏新築・中古マンションの価格差は2000万円以上!

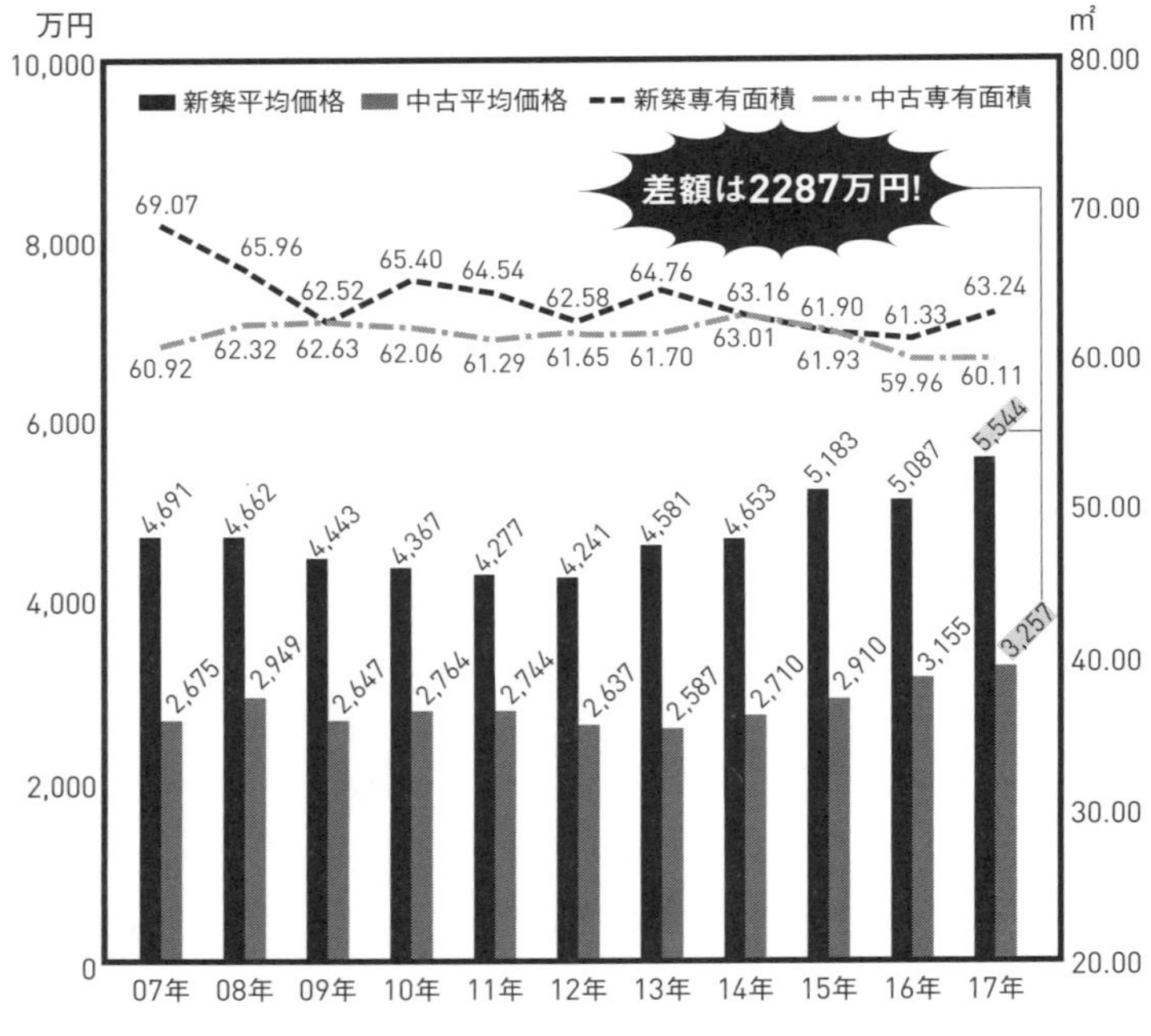

(単位:万円)

	07年	08年	09年	10年	11年	12年	13年	14年	15年	16年	17年	前年比
新築坪単価	224.5	234.9	233.6	202.1	219.1	224.0	233.9	243.5	276.8	274.2	289.8	**5.7%**
中古坪単価	145.2	156.4	139.7	147.2	148.0	141.4	138.6	142.2	155.3	174.0	179.1	**2.9%**

出所:「マンションデータ白書2017」東京カンテイ

築10～15年の物件がねらい目

プレミアムがつくような特別なマンション（いわゆるヴィンテージマンション）を除いては、ふつうは築年数が経つほど物件の価格は下がります。ただし、ずっと下がり続けるのではなく、築0～5年以内に比べて、築6～10年以内では10％前後、さらに築11～15年になると20％以上値下がりします。その後の築20～30年ではあまり価格は変動しません。

つまり、築10年前後を目安に大幅に値下がりする、というわけです。また、築15年以内であれば、間取りや内装も新築とさほどかわらず、設備も最新とまではいきませんが、機能なども大きく変わらず当面は使うことができます。耐震性などの構造も担保されていますし、管理状況がよければ設備などのメンテナンスも行き届いていることでしょう。

さらに、外壁・塗装などの大規模修繕工事がおよそ築12年前後で実施されることが多いことを考えれば、キレイさ、一時金負担の観点から「**大規模修繕工事後の物件を狙う**」というのも一つの戦略といえます。つまり、**大幅に値下がりする築10年前後から、それ以降の変動が緩やかな築15年前後の中古マンションが「よりお得」**ということです。

Valuable Secondhand condominium

02 住宅ローンの負担が軽くなる

価格が安い中古マンションなら人生のリスクを減らすことができます。

価格が安ければ、初期費用や住宅ローンの返済にもゆとりができます。その分、趣味や旅行、教育費などに資金をまわすことができます。

また、長期間にわたって安定的な収入が得られるとは限らないご時世ですから、リストラや転職などのリスクを考えても、余裕資金を確保しておきたいものです。

さらに価格が安ければ、40代から住宅ローンを組んでも定年前までに完済できる可能性も高く、それも大きなメリットといえるでしょう。

また、60代などシニア層の買い替えにも中古マンションはおすすめです。

子育てを終えて夫婦だけになると、今までの間取りでは生活スタイルが合わなくなるため、大掛かりなリフォームや住み替えを検討することになります。

その際、今までの最寄り駅やエリアに近い中古マンションを選ぶことは、一つの選択肢となります。この年代になると、環境を大幅に変えることを避けたい方も多いでしょう。友人や知人との行き来や、かかりつけの病院や習いごとの教室などのことを考えると、エリアを変更しないですむのは大きなメリットです。実際、今までの自宅から半径3km以内で住み替えをする方が大半です。つまり、エリアを変更したくない場合は、選択肢が広がる中古マンションが有力な候補になります。

知り合いの60代のご夫婦は、先祖代々暮らしていた二階建ての一軒家を手放し、駅と病院に近い中古マンションを購入しました。家を手放した資金で購入金額が賄えただけでなく、室内の段差をなくし、廊下や浴槽、トイレに手すりをつけるなど、将来に備えたバリアフリーリフォームを同時に実施しました。

「エレベーター付きの物件を選んだことで、階段を上り下りすることも減り、足腰が楽になりました。駅に近くなったので、小学生の孫が一人で遊びに来るようになったんですよ」

と、奥様は笑顔で話をしてくれました。

価格の安い中古マンションであれば、余裕資金でリフォームを実施することもできます。

Valuable Secondhand condominium

03 現物を自分の目で確かめて判断できる

先ほどの例にもあったように、マンションの実物やそこで暮らす人たちを確認してから購入できることは、大きな安心感につながります。

新築の場合、未完成で購入することも多いため、モデルルームやパンフレット、図面などでイメージをして購入します。そのため、実際の住戸の日当たりや眺望、風通しなどを確認することはできません。

そして、実際に実物が出来上がってから「思っていたよりも、造りが安っぽかった」「日当たりがいいのは一部屋だけだった」「眺めがいいのは、上の階だけだった」など、購入してから残念な思いをしている方は大勢いらっしゃいます。このような失敗は、ぜひとも避けたいところですね。

中古の場合は、日当たりや眺望、風通しや臭い、騒音、リフォームの必要性まで、実際に確認することができます。イメージがわきにくい天井の高さや間取りなども、実際に確認してから購入を決めることができます。

さらに現地に行くことで、建物の外壁の汚れやタイルのひび割れ、エントランスの清掃状況も確認することができます。

管理状況が良いということは、管理組合がきちんと機能して建物の維持管理が適正に行われているということの証です。

結果としてマンションの資産価値が長く維持されることになります。

さらに所有者から住み心地の感想が聞けることもありますし、近隣の雰囲気や住民の年齢層がわかったうえで判断することができますから、トラブルの未然防止にもつながります。

また、大規模再開発や高層タワーマンションなどでは、マンションに合わせて街並みやショッピングセンター、レストラン、クリニック、託児所などが徐々にできてきます。既に出来上がっている街並みを見てから判断できるのも、大きなメリットでしょう。

Valuable Secondhand condominium

04 希望エリアの選択肢が広がる

住みたいエリアや希望する街がすでにある場合は、中古マンションが断然有利です。ここで大学入学に伴い上京した野上恵子さんの事例をご紹介します。

学生時代から32歳で結婚するまで、ずっと吉祥寺で暮らしていました。そして結婚後も住み続けたいと考え、婚約者と二人で新築マンションをあれこれ見て回ったものの、とても高くて手が出なかったといいます。そこで中古マンションにターゲットを切り替えたそうです。

「将来、子供ができた時のことを考えると、ここで子育てをしたいと思いました。住み慣れた街を離れたくないという思いもありました。そこでマンションの新しさより、住む街を優先することにしたのです」（野上さん）

人がエリアにこだわる理由は様々です。

野上さんのように「住み慣れた場所を離れたくない」という方もいれば、「子育てを親に手伝ってもらいたいから、親の住む実家近くの街に住みたい」という方もいます。

さらに「親が高齢になって心配だから、同じ沿線に」という方もいます。

もちろん「人気の街に住みたい」というのも、理由の一つです。

このように**住むエリアにこだわる場合、新築だけだと供給が十分でない場合がありま す。その点、中古であれば選択肢がぐっと広がります。**

中古なら新築では手が届かないエリアでも手が届くかもしれません。

エリアを限定する場合は、中古の方が実現しやすいのです。

Valuable Secondhand condominium

05 リフォームやリノベーションで自分好みにできる

新築のモデルルームに行くと、最新設備やその豪華さに目を奪われ、その空間そのものを手に入れたいと感じることがあります。きっと読者の皆さんの中にも、同じ経験をされた方がいらっしゃるはずです。

しかし、その空間が本当は自分のライフスタイルや趣味嗜好にあっていない可能性もありますよね。

キッチンやお風呂などの設備や内装には、たくさんの種類があります。新築の場合は、標準仕様では選択肢が少なく、オプションは割高になります。床材や壁紙なども、選べるのは色味程度の場合が多いものです。

いっぽう、中古マンションであれば、安く購入できて余った資金で水回りや建築素材など自分好みに変えることができます。

また、家族構成の変化に応じて、子供部屋を書斎にするなど躯体に影響のない範囲内で

図表2 中古マンションを購入してリフォームした理由

使い勝手の改善、自分の好みに変更するため	80.0%	30代以下
中古住宅の購入にあわせて	45.7%	30代以下
子供の成長や世帯人員の変更にともない、必要が生じたため	14.9%	40代
省エネルギー化、冷暖房効率の向上等を図るため	24.4%	50代
住宅、設備の老朽化や壊れたため	79.7%	60代以上
老後に備えたり、同居する高齢者等が暮らしやすくするため	35.8%	60代以上

出所：平成27年度「第13回住宅リフォーム実例調査報告書」（住宅リフォーム推進協議会）をもとに改変

間取りを変更することも可能です。大きなリフォームがしやすいことも、中古マンションの魅力の一つです。

実際のリフォーム事例を見ていくと、「老朽化対応」「嗜好対応」目的が多く、次に「高齢化対応」「省エネ化」などが続きます。

リフォームをした施主を年代別にみると、60代以上では「老後に備えたり、同居する高齢者等が暮らしやすくするため」の割合がほかの年代と比較して高くなります。

これが30代以下では「中古住宅の購入にあわせて」の割合が、ほかの年代と比較して高くなっています。

Valuable Secondhand condominium

06 購入した理由で多いのは「手頃な価格で良質物件」だから

中古という響きだけで、「建物のつくりは新築より劣る」と思い込んでいる方もいらっしゃるかもしれませんね。しかし、そんなことはありません。優良な中古マンションの資産価値は下がりにくく、新築と比べても劣ることはありません。

これは、中古マンションの購入理由から見ても明らかです（図表3参照）。「希望エリアの物件」「手頃な価格」に次いで、3位に「良質な物件」が入っていることは見逃せません。立地や価格の手頃さに次いで、住宅の質が購入の決め手となっていることがわかります。

また、最近ではメルカリやオークションなどが広まってきたこともあり、中古に対する抵抗が少なく、住まいにおいても「新築にこだわらない」という方も増えています。消費者動向調査においても「新築にはこだわらなかった」という理由が、前年度に比べて5・7ポイントも増加しています。

図表3 既存住宅を購入した理由は?

	2016年	2015年
希望エリアの物件だったから	64.3%	63.0%
手頃な価格だったから	54.7%	59.7%
良質な物件だったから	44.6%	44.8%
新築にはこだわらなかったから	34.0%	28.3%
早く入居できるから	20.5%	17.6%

出所:2016年度「不動産流通業に関する消費者動向調査」(不動産流通経営協会)

Valuable Secondhand condominium

07 「新築マンション」と「中古マンション」は何がちがうの？

そもそも、新築マンションはいつから「中古」と呼ばれるようになるのでしょうか？ここで定義を確かめておきましょう。

新築マンション

新築マンションとは、竣工してから1年未満かつ未入居物件のことをいいます。つまり、竣工して1年未満であっても、一度でも誰かが入居した物件は、新築とはいえません。また、竣工して1年以上のものも新築とはいえないのです。これは、欠陥住宅に関する消費者を保護するために定めた「品確法」と「公正競争規約」において定められています。

中古マンション

中古マンションとは、一度でも誰かが入居したことがある物件をいいます。また未入居物件については、不動産業界では「不動産の表示に関する公正競争規約施行規則」第3条第(10)号に基づいて、竣工後1年以上を中古としています。一部の金融機関などでは、2年以上で中古(住宅ローン上の線引き)とするなど、定義にバラツキが見られます。

新古マンション

そのほか新築と中古のあいだに、販売不振や営業政策上などの理由で、当初の売主から別の不動産会社などが買い取り再販される「再販物件」や「クリアランス物件」などと呼ばれる新古マンションもあります。

つまり、竣工後1年未満であったとしても、一度入居したという経歴があれば、それは「中古」にカウントされますし、新築マンションとなんら変わりなくても不動産会社の再販によって「新古」になるということなのです。

このように新築から時間の経過とともに、図表4のように呼び方が変わっていきます。

図表4 新築マンションと中古マンションのちがいとは?

青田売り	新築マンション	販売開始から竣工日までに契約したマンション
完成在庫	新築マンション	竣工日以降、1年未満の売れ残りマンション
完成在庫	新古マンション	竣工して1年以上の未入居マンション
中古物件	中古マンション	1度でも人が入居したマンション
築浅物件	中古マンション	中古でも新築に近いようなマンション。広告の表記制限で新築と表記できない場合「築浅」などと表記される

▼

新築・新古・中古マンションのイメージ図

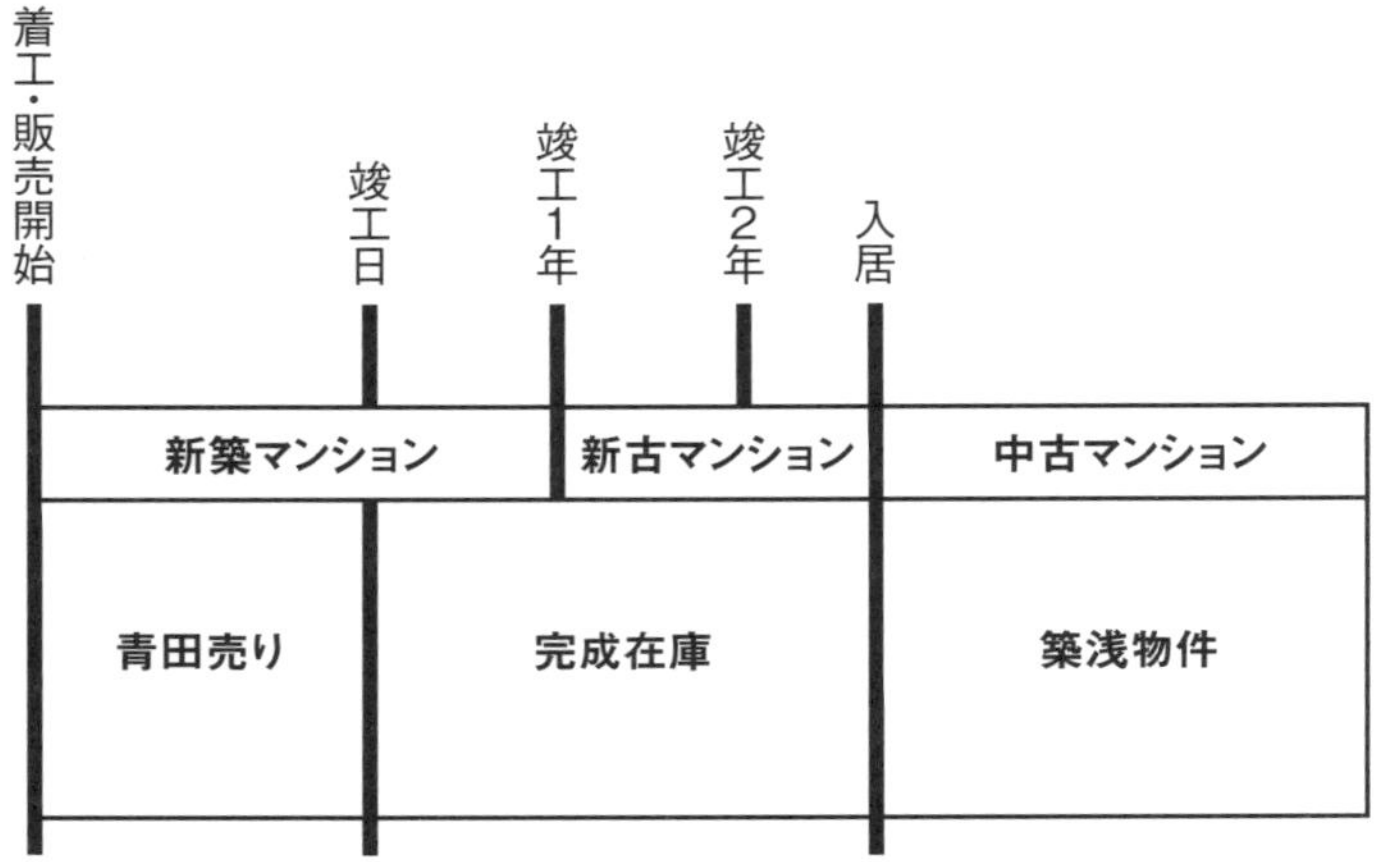

※不動産表示規約では、竣工1年以上は「中古マンション」
※一部金融機関では、竣工2年以上は「中古マンション」

Valuable Secondhand condominium

08 「中古」「新築」それぞれのメリットとデメリット

最後に「中古」、そして「新築」のメリットとデメリットをまとめておきましょう。

一般的に、**「再販物件」「クリアランス物件」「新古マンション」を含めた「中古マンション」は、新築マンションと比べて価格が安い**ことが大きなメリットとなります。

特に、**中古マンションを個人から購入する場合は、建物部分の消費税がかかりません。**そのため、増税のタイミングでも焦る必要はありません。リフォームがしやすいことや、現物や管理状況を見て検討できること、近隣の入居者の様子を確認できるというメリットもあります。

デメリットとしては、

・借入期間の制限や金利優遇の対象にならない場合がある
・公庫融資限度額に差がある

など、ローンを組む上で不利なことがあげられます。

耐震性やセキュリティへの不安、設備やデザインの陳腐化、不動産会社に仲介手数料を支払うのはデメリットといえます。

いっぽう、新築の一番のメリットは、最新の設備やデザインの新しい物件に最初に住めるということでしょう。

しかし、立地が限られたり、高い価格や修繕積立基金を一括で支払うなど、とにかくお金がかかることが一番のデメリットです。一覧表にすると図表5の通りです。

図表5 新築と中古のメリットとデメリット

新築メリット	新築デメリット
●誰よりも先に住める（最初の入居者） ●最新の設備やデザイン ●耐震基準を満たしている ●住宅ローンや減税などの優遇が受けやすい ●不動産会社への仲介手数料は不要 ●資産価値が高い ●コミュニティ形成（人間関係）を一から始められる ●アフターサービスを受けられる	●価格が高い ●修繕積立基金を一括で支払う ●建物部分の消費税を支払う ●希望エリア（立地）が限られる ●完成前に部屋を見ないで購入することも ●どんな近隣、近所付き合いになるかわからない ●管理状況が安定していない

中古メリット	中古デメリット
●比較的、価格が安いことが多い ●個人からの購入であれば消費税がかからない ●リフォームで自分好みにできる ●現物を見て判断できることが多い ●どんなお隣が入居しているかわかりご近所付き合いが想定できる ●管理状況を見て判断できる ●希望エリアの選択肢が広がる	●不動産会社に仲介手数料を支払う ●入居後、すぐ一時金などが必要になるケースも ●リフォーム費用がかかる ●旧耐震や旧旧耐震基準マンションなど耐震性に不安がある ●設備やデザインなどが陳腐化している可能性がある ●バリアフリーやセキュリティ対策が弱いことが多い ●ペット飼育ができない可能性がある

Column 01

マンションの間取り図から読み取れることは？

新聞の折り込みチラシなどに入っているマンション（不動産物件）の広告。この広告に載っている間取り図から読み取れることはなんでしょうか。簡単にご説明しますので参考にしてください。

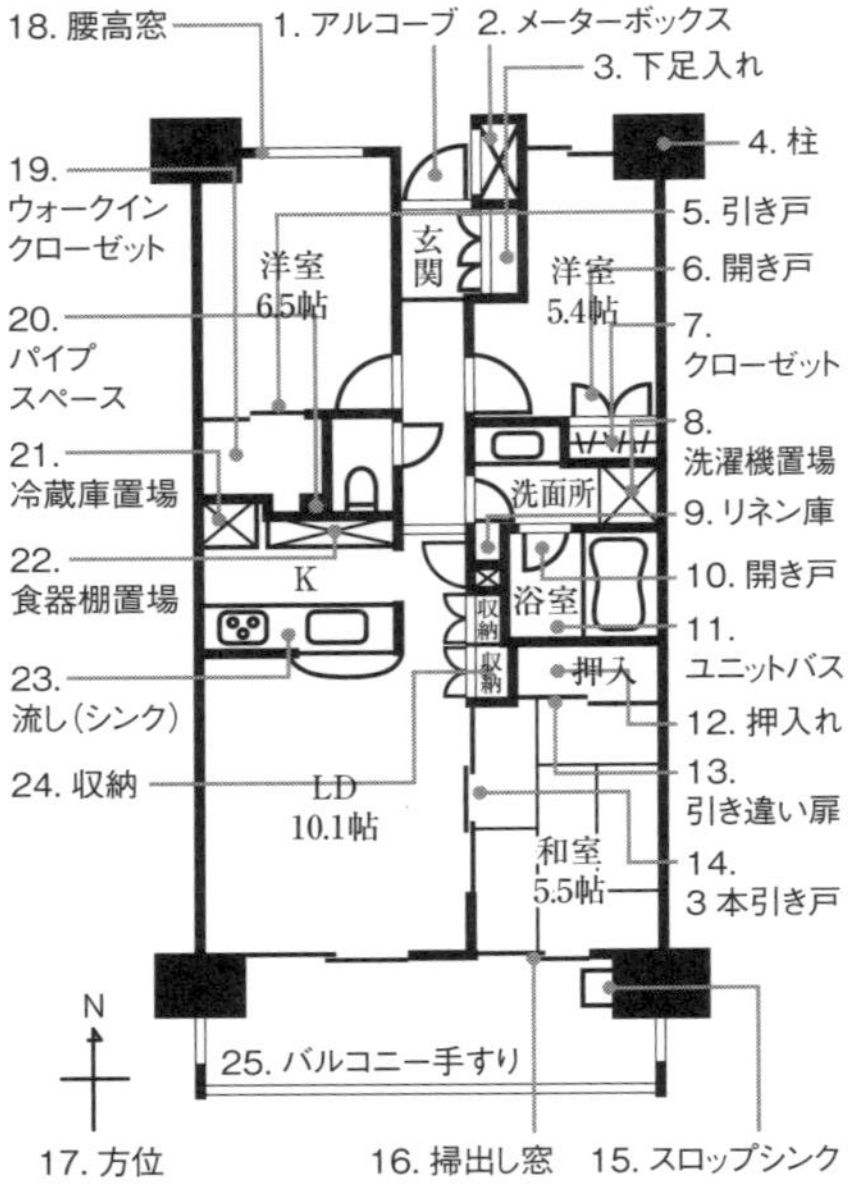

❶住戸の向き（方位）や形がわかる

この間取り図は、北を示すNorthの「N」が上方向を指しているため、バルコニーは南向きで日当たりのよい「南向き住戸」というのがわかります。また、住戸の形も長方形の間取りで柱の出っ張りなど家具が配置しやすいというのも読み取れます。

❷リビングや寝室など部屋の広さや数がわかる

間取り図には、各部屋の広さが表示されています。洋室、和室ともに一帖（畳）や平米（㎡）の単位で明示されています。この間取り図の洋室5・4帖は、8・91㎡ということです。また一帖（畳）は、1・65㎡で、二帖（畳二枚）で1坪です。もし和室で帖より畳の枚数が多く見える場合は、一枚当たりの畳の大きさが基準より小さいなどの理由が考えられます。

また、間取り図にある「3LDK」という

「数字＋アルファベット」は、居室の数とそれ以外の場所を示す略語を組み合わせたものです。たとえば「L」はリビング（居間）、「D」はダイニング（食事室）、「K」はキッチン（台所）を表します。

「LDK」の他にも「N」「S」「DEN」などはよく使用されます。「N」は納戸、「S」はサービスルーム、「DEN」は書斎や仕事部屋、趣味などを楽しむために使う多目的の小部屋。いずれも建築基準法上の採光・換気の基準を満たさないため、居室とは認められておらず、明確な区別がないことが大半です。

なお「MB」メーターボックスは電気・ガスなどの検針のため、共用廊下の玄関近くに設けられ、専有面積には含まれません。水回りを移動するような大がかりなリフォームの予定がある方は、この「PS」パイプスペースの位置が重要です。

「SK」スロップシンクは、バルコニーに設けられることが多く、ガーデニングの水やりや掃除の際に便利な蛇口と深いシンクがセットになっている設備のことです。

さらに注意したいのは、間取り図の「DK」または「LDK」と表記するために必要最低限の広さです。

2011年11月不動産公正取引協議会連合会が最低限の基準を定めるまでは、不動産会社によって広さが異なるなどの問題が生じていました。たとえば「2DK」なら2つの居室と6畳以上のDK、「2LDK」なら居室2室に10畳以上のLDKという間取りの基準ができています。それ以前の中古マンションを購入される際は注意が必要です。

略語と意味

LD	リビングダイニング
K	キッチン
N	納戸
S	サービスルーム
DEN	多目的の小部屋
WIC	ウォークインクローゼット
SK	スロップシンク
PS	パイプスペース
MB	メーターボックス

❸窓やバルコニー位置、扉の位置や形、開き方がわかる

この間取りは、バルコニー面（間口）が短辺の長方形をしています。低層～高層の外廊下型マンションの真ん中住戸によく見る形で、角住戸などはもう少し

複雑な形をしていることが多いです。

最近では、バルコニーのウッドデッキにイスやテーブルを置きアウトドアリビングとしての活用やガーデニングを楽しむご家庭も多いので、バルコニーの形状や広さ、SKがあるかなどもチェックしておきましょう。

また、間取り図の黒い太線の部分は壁、白抜きの部分は窓や扉、手すりやパネルなど壁以外のものを示しています。窓や扉には「開き戸」と「引き戸」があり、図の表現方法の違いで見分けることができます。

たとえば、6と10の開き戸は、90度の角度で開く「開き戸」がついていると読み取れます。また5の「引き戸」は、扉が開く軌跡を示す円が描かれていないので、横にスライドして開く引き戸であるということがわかります。13の引き違い扉は左右どちらでも開閉できる引き戸が2枚。14は引き戸が3枚あることを示しています。開き戸は、扉の軌跡上にモノが置けないため注意が必要です。

❹動線や家電などを置く場所がわかる

間取り図から日常の生活で人が動く経路（動線）もわかります。たとえば、共働きなど毎日同じ時間に洗濯と食事作りをする方は、洗濯機置場とキッチンが近くにあると便利でしょう。よく使う動線の経路が短いと、効率的に家事が行えて時短につながります。

また、マンションの間取りは、家電や家具を置く場所をある程度想定してスペースを取っています。たとえば8の洗濯機置場、21の冷蔵庫置場などです。洗濯機置場には給水のための蛇口と洗濯パン、冷蔵庫置場には冷蔵庫用のコンセントが設置されています。キッチンに電子レンジや炊飯器を置く方は、コンセントや位置にも注意。

また、リビングセット、テレビや本棚、ベッド、勉強机なども置けるかどうかチェックが必要です。

なお、チラシやインターネットの間取り図は、見やすさを重視するため、簡略図になっていることが多いです。新築時のパンフレットでは、梁《はり》など下がり天井の位置や高さ、ダウンライト、エアコン、テレビやインターネット、コンセントの設置位置など、より詳しい情報が盛り込まれた間取り図のことが多いです。不動産会社の担当者に確認しましょう。

第2章

中古マンションを購入するベストなタイミングとは?

Valuable Secondhand condominium

01 不動産価格は8～12年の周期で変動する

マイホームの購入は、一生に一度か、せいぜい二度程度。結婚や出産などをきっかけに近年では、終《つい》の棲家《すみか》としてマンションを購入するという方も多いでしょう。

どうせ買うなら、立地や平米数などにもよりますが、なるべく安く買えるに越したことはありませんね。マンション価格は株価と同じように変動の周期、サイクルがあることをご存じでしょうか。ここで説明しておきましょう。

戦後、不動産の価格は15年周期で変動するといわれてきました。

しかし、最近ではおおよそ8～12年前後のサイクルで変動するとされています。

景気がよくなり不動産価格が上昇してくると、マンションも新規の建築プロジェクトが次々と立ち上がります。そうすると1～3年後に完成するマンションが多く売りに出されるようになり、マンション価格がさらに上昇してきます。

しかし、この上昇期に、その後の需要以上のマンションが供給されてしまうと、供給量が急増するため、需要と供給の関係でマンション価格が下落に転じることになります。つまり、企画（計画）を立てた段階では売れ行きが良くても、完成した時点では売れ行きが悪くなっているということも、実際には起こっています。

マンション市場はこのようなサイクルを繰り返すため、需要と供給のバランスから今の不動産価格はおおよそ8〜12年サイクルで価格の変動を繰り返すといわれています。この需給のバランスは、少子高齢化をはじめとした日本の人口問題、労働力減少、都心部と地方の二極化傾向、東アジアの経済圏の発展などの要因もからみあいます。価格の変動サイクルは、今後、益々短くなっていくものと思われます。

新築価格は中古価格にも波及するため**マンションの購入を考えるときには「マンション価格は全体的に上昇期にあるのか、それとも下落期にあるのか」ということをチェックすることが重要**です。そうすれば「あと2年待ってみよう」などといった、落ち着いた判断ができるようになります。マンションの販売価格が高値にあるのか、低値にあるのかについては、「レインズ・マーケット・インフォメーション」でチェックできますので、参考にしてください（210ページ参照）。

Valuable Secondhand condominium

02 購入するなら、東京オリンピック開催前か後がいいか？

マンション価格は、大きなイベントにも左右されます。

皆さんが一番気にしているのは、２０２０年開催の東京オリンピック・パラリンピック（以下、東京オリンピック）ではないでしょうか。

数年前までは、「東京オリンピックの後に、不動産価格は大暴落する。購入するならその後のほうが良い」という説が巷を賑わせていました。

しかし、実際にはどうかといえば大地震などの災害や景気の動向などを除いては、大幅に価格が下落する要因が、あまり見つからないのが現状です。

そもそも不動産価格は２０１４年後半から少しずつ上昇しており、**東京オリンピック開催の期待を受けて、東京を中心にさらに価格が上昇**しています。

選手村や競技場、インフラ建設のため、急ピッチで準備が進められていますが、その際の人手不足による人件費の高騰（５年前の１・３倍）や、建築資材の高騰も、マンション価格の上昇につながっています。このように色々な要因が重なり、不動産価格は現在も上昇しているのです。

路線価は、前年比で全国平均が3年連続上昇

2018年7月に国税庁から発表された路線価（相続税や贈与税の算定に用いられる1月1日時点の土地価格）でも、前年比で全国平均が3年連続上昇し、最高価格はバブル期を超えるといわれています。

都道府県別平均でも愛知県が6年連続の上昇。東京都・神奈川県・大阪府など6都府県は、5年連続の上昇です。特にオリンピックの選手村や競技会場が集中する東京湾岸エリアは、大幅に上昇しています。また、訪日観光客数がハワイを超えたと話題になっている沖縄県が都道府県別の上昇率トップとなっています。

中古マンションの価格を見ても、湾岸エリアだけではなく、都内全域で値上がりしています。2017年6月度の中古マンションの「成約㎡単価」は、50・16万円／㎡と、2013年1月から58カ月連続で前年比上昇しています。

いっぽうで2017年11月度では、中古マンションの在庫㎡単価が48カ月ぶりに前年比下落し、需要と供給による市場在庫の価格調整がみられます。

なお北京オリンピックの際は、不動産価格が上昇し、家賃が8倍にもなった賃貸物件もあったそうです。同じくロンドンオリンピックでも賃貸バブルがおこっています。

東京オリンピックバブルが終わったあとの建築資材や人件費などの状況をどう判断するか。東京オリンピック開催に向けて、都市インフラ・公共インフラが整備されたときの価値をどう判断するか。過去のオリンピック後などを参考にしつつ、この辺りも含めての検討が必要になります。

私であれば、「東京オリンピック後に購入する」を視野に入れ、その間、頭金を貯めることを第一優先にします。

しかし、もし良い物件との出会いがあった際には、慎重に購入を検討します。

それは、今の物件価格が高すぎることと、中古物件は相手の懐事情にもよるので、急に掘り出し物が出回ったりすることもあるからです。

Valuable Secondhand condominium

03 住宅ローンの金利動向はどうなるか？

ほとんどの方が住宅ローンを組んで購入するため、金利の動向をつかんでおくことはとても有益です。

住宅ローンの金利は、少しでも変動すると「借入金額」や「返済期間」、はては購入できるマンションの金額にまで影響します。

住宅ローンの金利は2016年8月に過去最低の金利を記録し、その後も過去最低水準で推移しています。住宅ローンの金利が下がっているのには、2つの理由があります。

1つめは、日銀の金融政策です。

2016年2月、日銀が景気刺激策として「マイナス金利政策」を打ち出しました。これにより、長期金利を中心に金利が大きく下落しています。日銀の金融政策によってコントロールされている市中金利は、住宅ローン金利に大きな影響を与えるため、日銀の金融政策は私たちの住宅ローンの動向に大きな影響を与えるわけです。

今後も大幅に金利が上昇する可能性は低い

2つめは、銀行による「住宅ローン獲得のための金利引き下げ」の影響があります。

近年、銀行は、貸出先がなかなか見つけられないため、住宅ローンの獲得にとても意欲的です。そのため、金利を引き下げて、ほかの銀行との競争に勝とうとしているのです。そのため、「引き下げ合戦」が過熱しています。

この金利引き下げは「金利優遇」といわれ、最初の固定金利や特に変動金利に影響が出ています。

日銀の金融政策や、銀行間の住宅ローン獲得のための競争を見ると、多少の変動はあるものの、今後、大幅に金利が上昇する可能性は低いといえそうです。

Valuable Secondhand condominium

04 消費税の増税前か後か?

２０１９年10月に消費税が８％から10％にアップすることがほぼ確実となりました。価格が何千万円にもなれば、税率２％の差は、数十万円から場合によっては１００万円を超えることもあるため、急いで購入したいお気持ちもわかります。

繰り返しになりますが、そもそも**住宅の取引きにおいて消費税は、建物価格にはかかりますが、土地価格にはかかりません**。さらに消費税は事業者が提供する商品やサービスに対して課税されるので、一般の個人が売主であることが多い中古マンションは、建物価格に消費税が課税されない物件が多いのです。

それは、不動産会社が個人の売主と買手を仲介する場合であっても、個人同士の取引にあたるため、建物価格に消費税はかからないのです。

ただし、**中古マンションの売主が不動産会社など法人（課税事業者）の場合は、消費税がかかります。また、リフォームなど工事をする場合も、工事代金に消費税がかかりま**

す。不動産会社に支払う仲介手数料も同様です。

ここで気をつけたいのは、リフォームなどを行う場合です。**消費税額は、物件の引渡し時点の税率により決定しますが、もし売主にリフォームなどを依頼し、引渡しが２０１９年９月30日を超えるような場合、２０１９年３月31日までの契約であれば、増税後の引渡しであっても、８％の税率が適用（経過措置）されます**。また、購入後にリフォームなどを依頼する場合のリフォーム代金も同様です。

しかし、８％から10％への引き上げに伴う、住宅購入の負担を軽減するため**「住宅ローン減税」「すまい給付金」「贈与税の非課税措置」**（１９５ページ参照）などの国の施策が、２０２１年12月まで利用できます。これらを使えば、消費税率引上げ後の負担を軽減することができます。

さらに、売買価格や仲介手数料の値引きに応じてもらい増税分を吸収するなどの方法もあります。結論としては、個人の売主が多い中古マンションの場合、増税だからといって焦って駆け込みで購入する必要はなさそうです。

Valuable Secondhand condominium

05 ライフスタイルにあった購入のタイミングを考える

これまで、経済や社会の流れによるタイミングを見てきました。

もしこれが投資物件のマンションであれば、儲かるということが一番の目的ですからマンション価格の動向は、とても重要です。

しかし、タイミングというのはそれだけではありません。

あなたのライフスタイルが関係する住まい、つまり「自分が住むマンション」においては、それぞれの「人生におけるタイミング」が大きく影響してきます。

実際に**マンションを購入するタイミングとして多いのが、「子供が小学校に上がった前後」や「結婚した直後」**などがあげられます。

近年では待機児童の問題から、駅から少し離れていても「マンションに保育園や学童などが併設されている」「近くに幼稚園がある」など、「育住近接」が流行りつつあります。

いっぽうで共働き世帯は増加の一途をたどり、「職住近接の駅近志向」も、根強い人気

があります。そのため、売買価格の変動や消費税などを気にしつつも、

「近い将来、結婚予定がある」

「子育てがしやすい」

「希望する学区である」

「通学や通勤に便利」

「両親と近居の予定がある」

「親世代と同居予定がある」

など、**あなたの人生でのタイミングを最も重要視**することが大切です。その際、

「一生住む終の棲家なのか」

「住み替え予定はあるのか」

「転勤などで売却や賃貸に出す予定はあるのか」

など、将来に備えてライフスタイルの可変性に対応できるように考えておくことが重要です。

Valuable Secondhand condominium

06 地震が起こったらどうする？

近年、起こると予想されている地震だけでも、「南海トラフ地震」「関東大震災」などがあげられます。

南海トラフ地震は、地震調査委員会（1995年成立の地震防災対策特別措置法に基づく、文部科学省の特別機関）によって、「M8〜9クラスが30年以内に発生する確率は70%」とされています。

また、関東大地震（神奈川県西部地震：小田原地震）も、多くの方が気にかけていることの一つです。関東大地震は70年周期とされ、1923年の関東大震災から既に90年以上が経過しているため、いつ発生してもおかしくない状況です。

さらに、富士山の噴火や中央構造線断層帯による地震なども懸念されています。

地震は確実に予測することはできませんが、備えることはできます。

あなたが購入したい中古マンションが、「1981年に制定された新耐震基準」に準拠

しているかどうか。この点を確認しておくことは、中古マンションを購入する際は必須です。

もし、それ以前の旧耐震基準（1971年）や旧旧耐震基準（1924年）のマンションなら、補強工事などの耐震化がすでになされているかどうかを、必ず確認してください（107ページ参照）。

耐震診断や新耐震基準にあわせた耐震化が行われているか？

耐震基準というのは、「建物が地震の震動に耐え得る能力があるか」を定めるものです。この基準は関東大震災の翌年である1924年に、構造計算において安全性を考慮するよう、世界に先駆けて施行されました。

そして1950年には、福井地震を受け建築基準法が制定され、1971年には、十勝沖地震を受け、鉄筋コンクリート造の配筋強化が定められ、宮城県沖地震を受けて現在の新耐震基準へと改正がなされています。

大地震が起きるたびに、調査研究が行われ、より安全な建物を設計するためにこのような基準が設けられてきた歴史があります。

旧耐震基準の建物は、中地震に耐えるように設計されていますが、大地震に耐えるチェックがされていないため、耐震診断や新耐震基準にあわせた耐震化は重要です。

ちなみに、1981年の新耐震基準では、地震に対して建物の強さを次の二段階で計算しています。

・一次設計……震度4程度以下の中小地震を受けた場合でも、地震後も大きな改修・補修工事をすることなく建物を使い続けられる。

・二次設計……震度6強以上の地震レベルでは、建物自体が部分的に壊れてしまうことは許容するが、人命を損なう崩壊を起こさない。

つまり、「中程度の地震では建物は損傷せず」「震度6強以上の大地震の時には、建物が変形しても倒壊せず人命を損なわない」という設計がなされているというものです。

Column 02

いくらの物件を買うことができるの?

これからマイホームを購入する人にとって「私はいくら住宅ローンを借りることができる?」「どの金融機関が一番有利に多く借りることができるの?」というのは、大きな関心ごとでしょう。

一般的に購入した物件価格は年収の5~8倍が中心とされ、「私の年収でマンション買えるの?」SUUMO調べでも、年収400万では約3000万円まで、年収500万では約3500万円まで、年収600万では約4000万円までが住宅ローン借入可能額だという簡易結果が出ています。住宅を購入する方のほとんどが住宅ローンを活用することを考えると、この借りられる額に自己資金を加えた金額が購入できる予算の制約ともいえるので、早めに借りられる上限を知っておくと物件選びもしやすくなります。

ただし借りられる金額と返せる金額は違います。同じ年収でも家族構成やライフスタイルにより、返済できる金額はそれぞれ違います。その際、自分が無理なく毎月返済できる金額の目安としては、現在の家賃と同じぐらいがあげられるでしょう。これに管理費等や駐車場代、税金などを加えた額が今まで通り無理なく支払いできる金額ともいえます。

万が一住宅ローンの返済がつらい場合、毎月の返済で家庭内がギスギス、しまいには差し押さえられ競売にもなりかねません。

ボーナスや退職金をあてにしすぎず、将来にわたって無理なく返済できるかが重要です。背伸びしすぎず身の丈にあう住宅ローンで、「老後破産」をしないようにしたいものです。

第 3 章

価値ある中古マンションの見つけ方・探し方

Valuable Secondhand condominium

01 「南向き」以外は住み心地が悪いか？

マンションの購入に際して、あなたはどんな条件を重視しているのでしょうか？　たくさんある条件の中でも、いちばん多いのが**「南向き」かどうかという日照の問題**です。昔から日本人は、大きな開口部のある家に慣れ親しみ、南向き信仰があるといわれています。それは多くの一戸建て住宅が、木の柱や梁《はり》などの軸材が直行する「木造在来工法」で建てられているためです。この工法だと、窓などの開口部を大きくとることができるからです。

また、布団や洗濯物を外で干す習慣などが、主な理由ともいわれています。そのため、潜在的に「南向きが望ましい」という意識が刷り込まれているのです。

このように南向きは多くの人に人気があるため、それに応じて価格も高くなります。

しかし、本当に南向きが良いのでしょうか？　他の向きも含め、それぞれの向きのメリットとデメリットを見ていきましょう。

図表6 東西南北、本当はどの向きがいいの？

	メリット	デメリット	価格
南向き	●日光の明るさを感じながら生活できる。日中はほぼ日当たりがあるため、長時間明るい室内 ●在宅ワークや日中家で過ごす家族が多い人向き ●洗濯物や布団を干す際、早く乾き快適 ●冬の暖房費を減らせる	●人気があるため価格が高い ●夏は暑くエアコン代などが高い	●高い
東向き	●朝日を浴びて活動できるので、生活リズムを整えるのに良い ●午後からの外出が多い人向き ●太陽が昇るご来光の向きとして縁起が良く人気 ●経営者など験を担ぐ方も	●日当たりは午前中のみ ●冬は寒い	●中間 ●南向きに比べて3～7%程度安い
西向き	●人の活動時間帯で日照時間が一番長い ●冬は暖かい ●午後も夕方まで日が差し込む ●お子さんが幼稚園や小学生など早めの時間帯に過ごすご家庭なら検討の余地あり	●西日が当たり室内の物が日焼けする可能性あり	●中間 ●南向きに比べて5～9%程度安い
北向き	●人気がないため価格が安い。日当たりを重視しない人にはコスパが良い ●夏は太陽の光が差し込まず涼しい ●日が差し込みにくい分、家具が傷みにくい傾向あり ●北向きは日当たりが期待できないため、あえて窓を大きくしている部屋も多く明るいまた真北ではなく方位が東や西に少しずれていると朝や夕方に陽が入る ●やわらかく安定した光のため、日中の読書や自宅で仕事をする人におすすめ	●洗濯物や布団が乾きにくい ●冬は太陽の光が入らず寒い ●暖房費などが多くかかる ●就寝時の北枕が気になる	●安い ●南向きに比べて10～20%程度安い

北向きは安く買えるメリットがある

確かに南向きは太陽の恵みをたくさん享受できます。そのため、昼間や休日など、家で過ごすことが多い場合には、南向きのリビングやバルコニーを選ぶと満足度が高くなります。

しかし、同じ南向きでも都心部などの住宅密集地は、目の前にマンションがあるなど建物と建物の距離が近く、日当たりの悪い部屋も多く存在するため注意が必要です。

さらに近年のマンションでは、バルコニーにプランターを置いたり、布団や洗濯物を干すことを安全性や景観を理由に禁止されている物件もあります。

でも、中古マンションであれば、実際にそういった面を確かめることができます。

また、実は直射日光が当たらない北向き以外は、どの方角でも日照時間に大きな差はないといわれており、実質的には西向きが一番長いといわれています。

しかし価格は「南向き」「東南・南西向き」「東・西向き」「北向き」の順で安くなるの

が一般的です。

ただし、北向きでもウォーターフロントなど眺望が良いと高めの価格設定もあります。いっぽうで南向きでも景観などによって相対的に割安感のある住戸もあります。

また、タワーマンションの北向きはねらい目です。

一般的には直射日光が入らない北向きですが、タワーマンションの高層階では、地表面の反射により外が明るく感じます。たとえば、南向きはほかのタワーマンションで視界がふさがれているような物件でも、北向きは見晴らしが良いということもあります。個々の間取りだけでなく、部屋ごとの景観の違いを確認してみることが重要です。

ライフスタイルで北向きを選ぶ

愛犬のスピッツと夫婦お二人で暮らす40代の赤城さんご夫妻。都心で中古マンションを探していました。当初「南向き」も条件の一つとしていた赤城さん。同じマンションの「同じ階・同じ間取り」であっても、価格に580万円もの差があることで条件を検討し直したといいます。

「私たちは共働きで日中家にいませんし、週末も愛犬と散歩に出たり、二人で出かけたりすることが多く、家にいるのは夜が多いのです。また、スピッツは暑さに弱い犬種のため、以前住んでいた南向きの部屋では、夏は自分たちがいない間も、一日中クーラーをつけっぱなしにしていました。そう考えると、北向きでもぜんぜんかまわない。むしろ北向きの方がいいのでは、という結論になりました。購入価格も抑えられて、いいことばかりです」

南向きより、あなたのライフスタイル向きに。住居選びの「常識」を疑ってみることも必要です。

Valuable Secondhand condominium

02 購入するなら「高層階」それとも「低層階」？

一般的に階数が高くなるにつれて、少しずつ価格も上がります。

特に隣に建物があるなど、上下階で眺望や採光の差が大きい物件は、その価格差も大きい傾向があります。

またタワーマンションなどは、向きだけではなく眺望と共用施設を重要視した価格設定のマンションが多いものです。

ただし、東日本大震災などの影響から、避難しやすい低層階も一定の人気があり、高層階とあまり価格差がないマンションも存在します。

眺望にこだわらないのであれば、一般的に安価に設定された東日本大震災より前に建築された低層階を選びコストを削減するのも一つの方法です。タワーマンションなど敷地に余裕がある物件なら低層階でも道路や隣家が近すぎずカーテンを開けることができます。

また、窓の数が多く通風や採光が良かったり、近隣も低層階が多いエリアなどでは狙い目でしょう。

なお、高層でも低層でも使用できる共用施設に変わりはありません。

現地見学の際には必ず、階段とエレベーターで部屋まで行くようにします。

また、全バルコニーからの眺望を確認することも重要です。その際、周りの建物からどう見えるのかにも気をつけましょう。

今後、前に建物やタワー式立体駐車場などが建たないかの確認も必要です。役所に行けば、近隣にそうした建築計画があるかないかを確認できます。

現地見学時には、周辺の環境も良く調べるように

部屋の位置によっても、価格に差がでます。

たとえば、

「高層階の角住戸」

「2方向に窓やバルコニーがある」

「専用庭やルーフバルコニーがある」

など、住み心地が良く希少性が高い住戸は価格も高くなる傾向があります。

いっぽうで、

「駐車場や駐輪場の出入口の近く」

「ゴミ置場やエレベーター、ゲストルームや集会室の近く」

など車両や人通りが多い共用施設に近い住戸は、新築時に安く価格設定されている傾向があります。

ただし、中古マンションに関しては、価格は売主が設定するので、これは間取りだけではわからない点です。ある方は、「気に入った最上階に住み始めたのですが、屋上のアンテナが揺れる音が気になって眠れない」と不満を訴えていました。

最近では、地震対策で低層階に住む人も増えていますが、「エレベーターや給排水設備などの機械音が気になりストレスになる」というのはたびたび聞く話です。

現地見学時には必ず、音や臭いなども含め住戸近くの環境も良く調べるようにしましょう。その際は、巻頭に付けた「価値ある中古マンション」購入前チェックリストを、ぜひ、ご活用ください。

Valuable Secondhand condominium

03 「大規模マンション」がいいか、「中規模以下」がいいか？

中古マンションを選ぶ際、あなたはマンションの規模は重視しますか？

日本のマンションの1棟あたりの平均戸数は、約50戸ともいわれています。

2000年以降のマンションでは大規模が増え、総戸数1000戸以上も珍しくはありません。規模によってそれぞれメリットやデメリットがあるので見ていきましょう。

300戸以上か、150戸以下の物件がおすすめ

大規模マンションとは、タワーマンションのような高層や団地のような戸数の多いマンションのことです。タワーマンションは、都心や郊外の駅前、湾岸エリアなど、駅周辺の再開発とともに供給されることが多く、一般的に60m以上、地上20階建て以上のマンションをいいます。

団地は、都心近郊や郊外の工場、倉庫の跡地など広大な敷地に供給され、複数の住居棟が並んで建っていることが多く、駅から遠い場合は居住者専用のバスが運行されている場合もあります。

小規模マンションの場合、低層と中高層タイプが該当します。

低層マンションは、一戸建てが多い静かな住宅街に供給されることが多く、周囲に高い建物がないので開放感があり、静かな住環境を求める方に向いています。

中高層マンションは、都心から郊外、駅近から駅から遠い場所まで広範囲にわたって供給され、物件数が多いのが特徴です。敷地の広さによって、横長の長方形や細長い間取りがあり、大規模と比較するとワンフロアごとの戸数は少ない傾向があります。

個人的には市場に流通しやすいといわれている300戸以上の大規模、または、150戸以下の中小規模のマンションが下落率が低くおすすめです。

図表7 大規模マンションと中小規模マンションのメリットとデメリット

	メリット	デメリット
大規模マンション	●間取りのバリエーションが豊富 ●ゲストルームや集会室など共用施設が充実 ●低層階にスーパーや銀行、クリニックなど便利な施設があることも ●コンシェルジュや管理員が常駐し、防犯面でも有利 ●公開空地や緑化など敷地内が整備されていることが多い ●管理費等の戸当たり負担が安価	●1棟あたりの総戸数は多いが、広大な敷地を要するため物件数が少なくエリアも限定的 ●機械式駐車場やエスカレーターなど維持費がかかる共用施設が多い場合、費用負担も多くなる ●通勤や通学時間帯にエレベーターが混雑する ●居住者同士の関係が希薄になりやすい ●合意形成が図りにくく特別決議などが承認されにくい
中小規模マンション	●大規模と比較して供給数が多い ●周辺環境や駅近など立地にすぐれた物件がある ●エリアも都心から郊外まで広域にわたっている ●居住者同士のコミュニティが作りやすい ●合意形成が図りやすく管理組合や理事会運営がしやすい ●華美な設備がないコンパクトタイプの場合、管理費等の負担が少ない	●周辺環境の変化に左右されやすい ●共用施設が限定されている ●管理員が常駐しない場合、セキュリティ面が懸念される ●管理員と清掃員が兼務され清掃がおろそかな場合がある ●小規模や共用施設によっては管理費等の戸当たり負担が割高なことも ●管理費等の長期滞納は、管理費会計などの収支状況に大きく影響する可能性がある

Valuable Secondhand condominium

04 一度は住みたい! 憧れのタワーマンションも実はいろいろ!?

タワーマンションといえば、成功者の証のようなイメージがあり、人生で一度は住みたいと思ったことがあるのではないでしょうか。

タワーマンションのメリットといえば「高層階からの眺望」「ゲストルームなどの共用施設」「宅配便やクリーニングの取り次ぎなどコンシェルジュサービスの充実」などがあげられます。

一般的に高層階（特に南向き）ほど価格が高く、低層階は低く設定されています。しかし、この高層階でも景観によって価格設定が違うため、中古マンションを購入する際は注意が必要です。たとえば、東京タワービュー、スカイツリービュー、お台場ビューなどは、高く設定されています。

また、一般的にタワーマンションでは、高層階と低層階の価格差が大きかったのですが、東日本大震災以降にタワーマンションの人気が衰えた時期があり、タワーマンションでも低層階ばかりが選ばれている時期がありました。

そのため、東日本大震災以降に建てられたタワーマンションでは、以前ほど低層階と高層階との価格差がない物件も多く存在します。言い換えれば、東日本大震災以前に建築されたタワーマンションの低層階は、お得感があるものも多く存在するということです。

タワーマンションだからといって飛びつくのは危険

覚えておきたいのは、**同じマンションで同じ専有面積であれば、階数や販売価格に関係なく、管理費等は同じ金額に設定されていることが多い**ということです。

また、タワーマンション節税を回避するため、固定資産税・都市計画税と不動産取得税の税額（評価額）が「高層階ほど増税、低層階ほど減税、中層階は据え置き」という課税評価が開始されていますが、これは2017年4月以降に契約した新築タワーマンションが対象となります。具体的には、高さ60mを超える2017年1月2日以降の新築マンションです。この課税評価は棟ごとに対象かどうか決まっています。特に2017年築の中古タワーマンションの購入を検討している方は、都道府県税事務所で対象物件かどうか必ず確認しましょう。つまり、2016年以前の中古のタワーマンションなら、価格の高い南向き高層階も、相対的に低い北向き低層階も、これら増税を気にすることなく従来と同じ感覚で購入できます。不動産の評価額も変わらないため、相続税などの税額も基本的に一緒です。「価格による負担割合の面」から考えれば、2016年以前の中古タワーマンションの南向き高層階の方が有利といえます。いっぽうで、高層階・低層階にかかわらず利用できるマンション内の共用施設は同じです。

また、タワーマンションは敷地内に一定以上の空き地を設けている場合が多いので、低層階でも視界が開けているメリットなどもあります。

さらにタワーマンションの建築には場所が限定され、駅から遠い物件やいびつな間取り、大規模とはいいがたい細長い物件も多く存在しています。

昔は、タワーマンションという希少性や眺望の良さだけで人気がありましたが、既存(中古)住宅を取り巻く環境の変化や、都心などを中心に次々とタワーマンションの棟数が増えている現代においては、タワーマンションだからといって飛びつくのは危険です。

今や駅直結(徒歩0分)や地上60階建ての超高層タワーマンションも出てきているなかで、駅から遠い、豪華すぎる施設、戸数の少ないタワーマンションなどは、これからの維持費を考えると恐ろしいものがあります。実際に管理費等で毎月10万円以上の物件を見たことがあります。管理費等を削減するため、コンシェルジュや管理員などの人員削減が行われているところもあります。これはサービスや管理、果ては資産価値に影響します。

もう一つあげられるのが、**高層階と低層階住民の心理面の問題**です。

それは、高層階の住民が感じる朝などの通勤・通学時間帯のエレベーター待ちの不便さだけではありません。取り上げたいのは、**低層階の住民が覚える劣等感**です。

「高層階と低層階で乗るエレベーターが違うため、エレベーター待ちのときに、微かな劣等感を覚えてしまいます」

「うちのタワーマンションでは、廊下の内装が高層階と低層階で違います。高層階のお友達の家に遊びに行った息子から『悠斗君のおうちは、すごくきれいだったよ！』といわれ、落ち込みました」などの声も聞こえてきます。

周囲から羨ましがられるタワーマンションに住んだのに、劣等感を抱えて過ごすのはもったいないことです。このような気持ちにご自身が陥りやすいと感じるなら、購入後の心理的側面も視野に入れて選びましょう。もちろん、防災・防犯性、埋立地の有無、資産価値なども含めた慎重な判断が必要なのはいうまでもありません。

Valuable Secondhand condominium

05 築年数は気にする？「築浅」は築何年までか？

中古マンションの購入を検討する際、できれば築年数が浅い「築浅」がいいと思われるのではないでしょうか。築浅というと築何年ぐらいのマンションだと思いますか？　実は築浅や築古には、明確な定義はありません。

広告会社や販売会社などのアンケート調査によると、おおよそ8割近くが「築5年前後までが築浅」という認識を持っているようです。ただし、中古マンションの広告においては、築10年に近い物件でも築浅として表記されていることがあるので、注意が必要です。

いっぽう新築の表記については、「築1年未満かつ未入居」という明確な基準がありま す（30ページ参照）。そのため、築1年未満でも人が一度入居した物件は、「築浅」という表記にかわります。本書では一般的に認識されている方が多い築5年までを築浅、それ以降を「まだまだ築浅」としています。

Valuable Secondhand condominium

06 築年数は重要な判断材料になる？

中古マンションを選ぶ際に「築年数」は重要な項目ですが、この数字よりも「築年数に対する状態」で判断すると良いでしょう。実際に築浅でも管理状況が悪く、築年数以上の劣化状態であれば、管理組合が機能していないということですから、今後の大きな不安材料になります。

いっぽうで築年数が古くても、大規模修繕工事などでメンテナンスが行き届いており、室内もリフォームやリノベーションをしたばかりで、最新のシステムキッチンや浴室乾燥機があるなど新築同様の物件もあります。

もし、不動産ポータルサイトや不動産会社の店舗で希望する築年数で探してみても条件にあう物件がない場合、耐震基準に不安がない範囲で築年数の範囲を広げてみましょう。なお、築年数に対する状態は、現地見学にいってはじめてわかること。見学時には、築年数に対して年数相応の状態なのか、それ以上に良い状態なのかという視点で判断しましょう。

Valuable Secondhand condominium

07 自分にぴったりのエリアはどこか?

エリアによって、不動産価格は大きく変わります。ここでは、エリア別の特徴を見ていきましょう。自分や家族には、どのエリアが合いそうでしょうか?

・都心エリア:都心エリアは全般的に価格が高く、価格に対して部屋が狭い傾向があります。さらに立地が良いマンションは、生活利便性も高く人気があるため、価格もより高くなります。

いっぽうで資産価値を維持しやすいというメリットがあります。リセールバリューは「東京23区で約105%」という買ったときよりも売主(所有者)が得する数字も出ています(図表8参照)。リセールバリューとは、一度購入したものを販売する際の「再販価値」のことです。

そのため、もし終の棲家ではなくある程度の年数で売却予定があるなら、むしろ都心エリアの立地の良い築浅マンションを購入するというのも、一つの方法です。

ただし、ここで気を付けなければならないのは、購入しようとしている中古マンションが、新築時より価格が上がっている可能性があるということです。中古にもかかわらず値上がりと感じるか、ヴィンテージマンション（お宝物件）と考えるか、よく検討する必要があります。

・郊外エリア：都心への交通アクセスが良い駅や、駅に近いほど価格が高い傾向にあります。特に都心へ短時間でアクセスできるエリアは、都心エリアと同程度の価格設定の場合もあります。

・再開発エリア：工場跡地にタワーマンションが建築されるなど、再開発で生まれた街が人気となり、資産価値があがるようなエリアです。

たとえば、武蔵小杉や豊洲、勝どきなどが、この例にあたります。今後、東京オリンピックの選手村となる晴海などで再開発が計画されています。新駅や街が出来上がる前、街の評価が価格に反映される前に購入できると、お得感があります。たとえば、高輪ゲ

図表8 東京23区の中古マンションなら、資産価値を維持しやすい!

東京23区	105.3%
23区以外の1都3県	93.0%

※2006年の新規分譲で2016年に中古流通された分譲マンションの価格推移率
出所：東京カンテイ

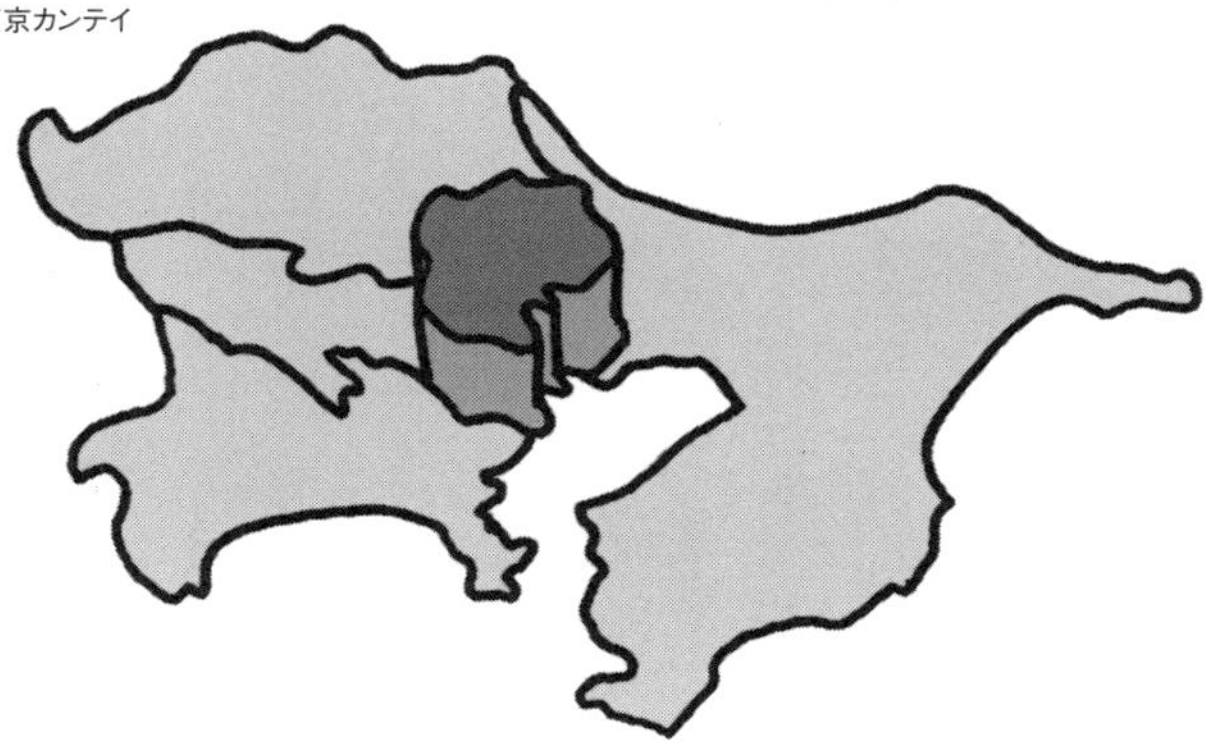

ートウェイ、虎ノ門ヒルズなどがあげられます。ただし、急な人口増加で駅や託児所などが混雑する傾向もあります。

・希少価値が高いエリア：たとえば湾岸エリアなど、運河や公園に隣接するマンションは、景観や開放感から希少性が高く人気があります。資産価値も維持しやすいのが特徴です。

Valuable Secondhand condominium

08 都心か郊外か?

立地と建物、管理の良し悪しが中古マンションの資産価値を決めるといわれていますが、特に立地が占める割合は高いです。たとえば、東京都心6区といわれる、東京都千代田区、中央区、港区、新宿区、文京区、渋谷区は別格です。販売価格だけでなく再販価格も高く、資産価値は折り紙つきです。

また、一般的に駅近ほど価格は高くなります。資産価値も加味した目安としては、徒歩7分以内といわれています。ただし、吉祥寺や北千住など駅周辺に商業施設や商店街、オフィスなどが集まり住宅が少ない街や、バス便が便利な閑静な高級住宅街では、駅から遠くても価格が高い傾向にあります。たとえば、夫婦共働きなどであれば、駅近は譲れない条件かもしれません。この場合、部屋の向きや階数などを工夫するのも一つの方法です。子育て環境を考えた際には、駅から離れても公園などが近くにある環境の方が良いということもあります。車通勤であれば駅近かどうかにこだわらず、検討することができます。

Valuable Secondhand condominium

09 最寄り駅と資産価値

マンションの最寄り駅は、資産価値に大きく影響します。人気駅と隣接する駅は、人気駅を利用しやすく価値も安定しています。イメージとしては、中野や三鷹です。

また、複数の鉄道路線が乗り入れている駅や、始発や終点となる駅も価値は高くなります。イメージとしては、新宿や北千住です。さらに人気駅が点在する路線と人気駅が少ない路線では、**人気駅が点在する路線の方が価値は高くなります。**このように駅の人気も、立地の優位性に影響を与えます。また、**国土交通省や自治体のホームページに「立地適正化計画制度」という、10年後や20年後のエリアに影響する計画**が掲載されています。この計画で「**居住誘導地域**」とされているエリアは、これまでの居住地を見直し、地域内に駅やバスターミナルなどのインフラを集約する予定の地域です。そのため、この地域内に人口が集中することになるので、地域外では住環境の質が低下し、資産価値も低下する可能性があります。希望するエリアが含まれているかどうか確認しておきましょう。

Valuable Secondhand condominium

10 部屋の広さはどれくらいがいいの？

部屋は広ければいい、というわけではありません。人数に比して広すぎる部屋は、掃除の手間がかかるだけでなく、暖房効率などの点でもマイナスです。理想的な広さ、標準的な広さはどれくらいかをまずは押さえておきましょう。

ひとつの指標としては、国が掲げる「**誘導居住面積水準**」があります。

誘導居住面積水準とは、住生活基本計画で示された住宅の面積に関する水準です。世帯数に応じて、「このくらいの面積があれば、豊かに暮らせる」という理想の住まいの広さを示しています。

4人家族では95㎡、新婚夫婦なら55㎡程度が理想

２０１６年３月に閣議決定された住生活基本計画（全国計画）の「誘導居住面積水準」

図表9 部屋はどれくらいの広さが必要か？

世帯人数別の面積例（単位：㎡）				
誘導居住面積水準	単身	2人	3人	4人
一般型（郊外や都市部以外での戸建て）	55	75【75】	100【87.5】	125【112.5】
都市居住型（マンション）	40	55【55】	75【65】	95【85】

【　】内は、3〜5歳児が1名いる場合　平成23年3月15日発表（平成23年度から32年度まで対象）

計算式

(1) 一般型誘導居住面積水準
①単身者55㎡
②2人以上の世帯 25㎡×世帯人数+25㎡

(2) 都市居住型誘導居住面積水準
①単身者40㎡
②2人以上の世帯 20㎡×世帯人数+15㎡

「一般型」都市の郊外及び都市部以外の一般地域に建つ戸建て住宅を想定
「都市居住型」都市の中心部及びその周辺におけるマンションを想定
出所：2016年3月18日閣議決定「住生活基本計画（全国計画）」（国土交通省）

によると、マンションでは夫婦2人、もしくは夫婦2人＋小さい子どもで55㎡、3人だと75㎡、夫婦＋子ども2人（10歳以上）の4人家族がマンションに住む場合だと95㎡（28・7坪）程度（住戸専用面積、共用部分は除く）が理想の部屋の広さとなっています。

ただし、これはあくまで理想的な住まいの広さを示しているため、実際にはこの面積より狭い部屋に住んでいる方も多いものです。

総務省の2016年の調査においても、この広さを実現している世帯は全体の57・4%となっています。

実際にどのくらいの部屋に住んでいるか

というと、一人暮らしでは20～25㎡が最も多く、平均契約面積は24・18㎡です。DINKS・ファミリーだと40～45㎡が最も多く、次に50～55㎡で、平均契約面積は52・38㎡となっています（住環境研究会調べ）。

部屋が広いと様々なタイプの間取りが選べる

これは、住む人数や家族構成によって、選ぶ部屋の広さや適した間取りが異なるためです。この広さにもなると1LDK～3DKなど、様々なタイプの間取り（物件）を選ぶことができます。

なお、一般的に部屋の専有面積が狭いほど、「㎡あたりの価格」が高くなる傾向があります。また、部屋の専有面積には、柱や廊下などのデッドスペースも含まれるため、スペースに無駄がない間取りを選ぶようにしましょう。

Valuable Secondhand condominium

11 資産価値が落ちない物件の条件とは？

ここまで様々な説明をしてきましたが、資産価値が落ちない物件の主な条件を、以下にまとめましたので、参考にしてください。

・最寄り駅、バスなど交通インフラの整備がされている
・スーパーなど生活の利便性に優れている
・分譲マンションが少ないエリアで、地域のランドマーク的存在であり、マンションの存在が街づくりにも波及している
・植栽の手入れや清掃、修繕など「管理状況」が良好
・共用施設などを使った「コミュニティ」が活発
・売りに出るとすぐに売れる（同マンション内での住み替えも多い）
・今後、新駅誕生などが予定されている（生活利便性のある施設ができて好循環に。大規模再開発では、今後の区画整理や再開発計画を自治体で要確認）

Column
03

価値あるマンションは、保守点検・修繕に秀でている

マンションで快適に暮らし、その資産価値を維持するためには、長く利用できるように維持・保全することが重要です。そのために必要なのが、マンション管理です。具体的には、保守点検や修繕などを計画的に実施していくことが重要となります。保守点検とは、建物の機能を維持するために、建物各部の不具合や設備機器などに異常がないか定期的に検査し、消耗品の交換や作動調整、補修（軽微な修繕）などを行うことをいいます。

修繕とは、劣化した建物や設備の修理、取替えを行うことによって、当初の性能・機能を回復させる工事をいいます。修繕には、劣化の発生や性能・機能の低下のつどに行う補修・小修繕と、一定年数の経過ごとに実施する計画修繕とがあります。

大規模修繕とは、一般的に10～12年周期で行う計画修繕のうち、工事内容・工事費・工事期間等が莫大となる大規模な修繕工事のことをいいます。

目的としては、「事故防止」「不具合の解消・予防」「耐久性の伸延」「美観・快適性の向上」「居住性・機能性の向上」「資産価値の向上」があります。具体的には、屋上防水、外壁補修、鉄部塗装などが該当します。

また、給水管の更新や給水方式の変更など、性能・機能のグレードアップを行う改修工事も含まれます。高額な費用発生を伴うため、管理組合にとって一大イベントといえます。

改良工事とは、建物各部について、当初の性能・機能を超えてグレードアップする工事です。マンションを構成する材料や設備を新しい種類に取替えることや、新しい性能・機能を付加することがあります。たとえば、バリアフリーやオートロック化などがこれにあたります。

改修工事とは、修繕および改良をあわせて行うことで、建物の性能を改善する工事をいいます。

第4章

「中古マンション」は ここを見て 選びなさい!

Valuable Secondhand condominium

01 設備や仕様は年数別にどのように変化しているのか？

中古マンションとひとくくりに言っても、未入居物件もあれば一度入居はしているものの築浅の物件、築10年や20年、30年、40年、さらに築50年以上の築古マンションまで存在しています。

２０１６年に取り壊された日本初の高級分譲マンション「宮益坂ビルディング」は、築63年、建替えの検討期間は25年という大往生ともいえる築年数まで存在していました。

この宮益坂ビルディングが高級マンションと呼ばれた理由は、渋谷駅から徒歩数分という立地だけではありません。東京で2番目に設置されたというエレベータには、青い制服に白い手袋をしたエレベータガールまで勤務していました。

価格は約１００万円と当時の給与所得者の平均年収20・8万円の約5倍で、住宅ローン制度がなかった当時のことを考えると、現金を持っている人だけが購入できた高嶺の花のマンションだったのです。

チェックポイントはどこか?

このように市場には様々な築年数の中古マンションが存在していますが、いったい何をチェックして購入を検討したらいいのでしょうか。

マンションには、設備や仕様、デザインなど時代ごとのトレンドが表れています。

またそれだけではなく、耐震や設備などはその時代の法令が関係しています。

各年代の中古マンションの傾向を、年代を追って見ていきましょう。

特に、中古マンションのリフォームでもっともお金がかかるといわれている設備や、年代別の仕様に間取りなど、マンショントレンドを見ていきます。

図表10 年代別マンションの特徴「年代別マンショントレンド年表」

2010年代	●バリアフリーからユニバーサルデザインへ ●引き戸や照明ボタンなど 【後半〜新築】 ●備蓄倉庫や簡易トイレ、浄水装置など防災への取り組み ●エコロジーに配慮した省エネマンションが増加 ●スマートマンション	●東日本大震災の発生 ●電力の自由化
2000年代	●床スラブ18 〜20cm の厚さが標準 ●ディンプルキーや二重ロック、防犯カメラの設置など防犯面の機能が進化 ●24 時間換気の義務化 ●基本性能の向上で通風採光よりも眺望が評価 ●超高層タワーマンション、大規模開発が進む	●大規模、超高層ブーム ●住宅性能表示制度
1990年代	【前半】 ●床スラブ15〜20cm の厚さが標準 ●二重床、二重天井 ●バリアフリー仕様 ●基本性能の向上 【後半】 ●制振構造、免震構造の導入	●バブル経済の影響 ●阪神・淡路大震災の発生 ●超高層スタート
1980年代	●新耐震基準の導入 ●大型の再開発物件 ●今でも人気の「ヴィンテージマンション」建築 ●億ション、なかには10 億を超えるものも ●投資用マンションも増加	●バブル経済の影響
1970年代以前	●リビングが部屋の中心にある「センターリビング」が主流 ●和室もしくは和室の名残あり ●エレベーターがない物件が多い ●床に段差あり ●排管は埋込みが多い	●公団、団地

床スラブ：建築に使用されるコンクリートの板　ディンプルキー：表面にくぼみのある複製困難な鍵

Valuable Secondhand condominium

02 1970年代以前の中古マンションの特徴

分譲マンションは、1960年代後半~70年代に旧住宅金融公庫（現・住宅金融支援機構）で融資制度が利用できるようになったことを受けて、本格的に普及が進みました。

この当時の旧公団や公社が建てた郊外型の団地などは、5階建てでエレベーターがなく、間取りは40~50㎡台の3LDKタイプ、洋室よりも和室が重要視されていました。

1970年代以前のマンションで、現存する中古マンションに見られる最も多い特徴として、和室から洋室へのリノベーションがあげられます。

この年代の中古マンションは、中央にリビング、南側に洋室2つの「センターリビング」という間取りが多く、一つ一つの部屋が小さいという特徴があります。中央にLDKがあるので「中LDKプラン」とも呼ばれていました。この間取りは、リビングの採光やキッチンの独立性が重要視される現在とは異なり、食事をするダイニングと料理を作るキッチンの部屋として区分されていました。

図表11 センターリビング型とは

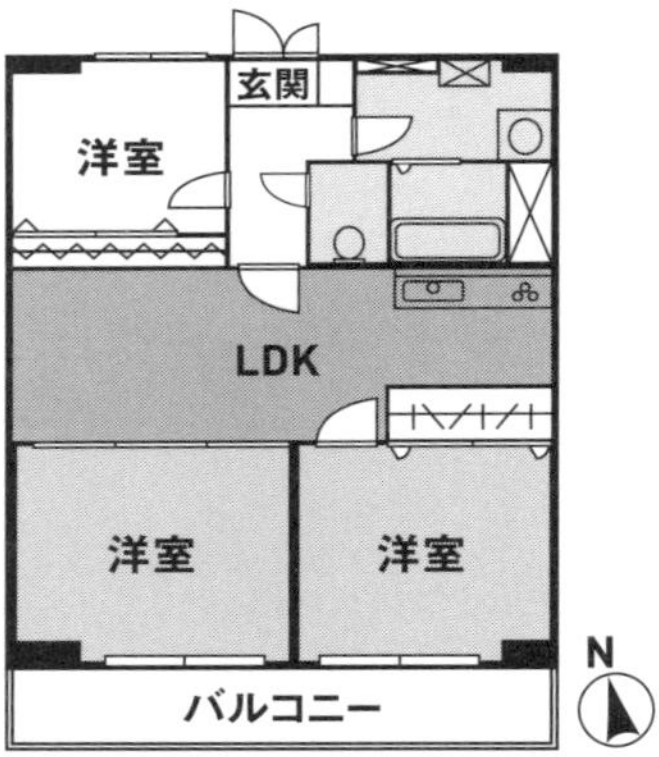

一つひとつの部屋が小さいことが多い

また、天井の高さは220~230cmが主流です。天井の高さは家具などの設置だけでなく、部屋の開放感にも大きく影響します。

まずはセンターリビングの間取りでいいかどうかを確認しましょう。もし間取りを変更するなど大掛かりなリフォームをする場合は、マンションの管理規約などでルールを確認しましょう。手続きが必要になることが大半です。

今後、何年住む予定なのかを考える

また、リフォームできる項目や範囲を確

認しておくことも重要です。

特に、洋室を絨毯からフローリングに変更する場合、使用できるフローリングに遮音等級の決まりがあるかなど、チェックする必要があります。

また、この年代の排水管は埋め込み式が多いため、床の段差を解消することができないかもしれません。

さらに「バリアフリーにしようと思っていたのにできなかった」というようなことがないように、確認が必要です。

一番大切なのは、「今後、何年住む予定なのか」ということです。何年住むことができるマンションなのかは、必ず確認しておきましょう。

たとえば、10年住む予定で購入を決断したのに、住み始めてからしばらく経って建替えのため住めなくなったのでは本末転倒です。

やはり、中古マンションの**最大の魅力は価格**です。この年代のマンションであれば、都心部でも立地の割に安く購入することができます。今後、住みたい年数があい、自分好みのリフォームができるのであれば、候補の一つとなるでしょう。

Valuable Secondhand condominium

03 1980年代の中古マンションの特徴

1981年に建築基準法で「新耐震基準」が導入され、構造的によりしっかりとした建物ができるようになりました（107ページ参照）。

また、今までのマンションは部屋数が重要視されていましたが、住むという視点から、生活動線などに配慮した間取りが出てきたのもこの頃です。

たとえば、玄関を住戸の真ん中に配置（センターイン）することによって、南と北の両方のバルコニーが実現するセンターイン型があります。この間取りは、北側の洋室が外廊下に面していないため、プライバシーも守ることができます。

また、寝室などのプライベートエリアとリビングのパブリックエリアが機能的にわかれ、今でもとても人気の間取りです。

この年代は、民間で大規模再開発が増加し、今でも大人気のヴィンテージマンションが建築された年代です。たとえば、ヴィンテージマンションの代表ともいえる「広尾ガーデ

図表12 センターイン型とは

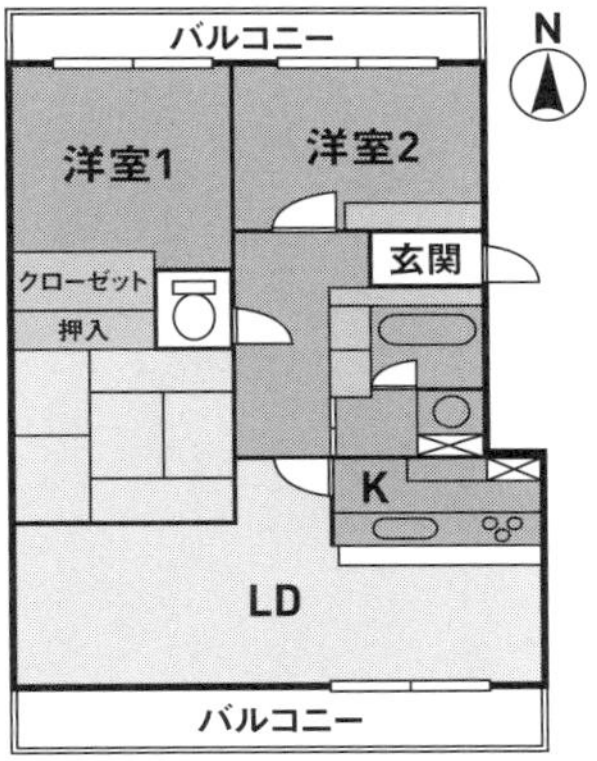

玄関が住戸の真ん中に配置されている

ンヒルズ」は1982年築です。この頃から、マンションは一戸建てを購入するための仮住まいではなく、永住意識ができました。

また、1986年12月からは急激な地価高騰を伴うバブル経済に突入したことを受け、億ションや10億円を超えるスーパー億ションも登場した時代です。さらにバブル経済を背景として、投資や投機用のマンションも多く誕生しました。

この投資や投機用マンションは、住むためではなく価格が上昇したらいずれ売る(転売目的)の購入が主であったため、壁や床が薄いなど極力無駄を省いた設計がなされたり、管理員がいない、修繕積立金が月額1000円など管理費等の設定が極端に低いなどの問題があるマンションが多く見られるため、注意が必要です。

また、この年代のマンションを購入する場合は、「新耐震基準」「旧耐震基準」なのかを確認することが重要です。新耐震基準かどうかは、建物が完成した竣工年ではなく、**「建築確認済証（確認通知書／副本）」の交付日が1981年6月1日以降かどうかで判断**できます。

建物を建てる前には、市区町村に建築確認申請を行い「建築基準法などの法律に違反していないか」のチェックを受けます。基準を満たすと建築確認済証が交付されるという手順となっています。マンションは、完成まで一定期間がかかるため、1982年に完成したマンションであっても、交付日が1981年5月31日以前の可能性もあります。不動産会社や行政機関（建築確認台帳記載事項証明書）で必ず確認をしましょう。

先ほど申し上げた通り、この年代の「投資・投機マンション」には注意が必要です。

現代の賃貸・投資マンションは、「確実に家賃を得る」という視点に変わっているため、賃貸・投資マンションでも、立地や仕様など分譲マンションと差がないような物件も多く存在します。その意識のまま「分譲マンションも賃貸・投資マンションも変わらない」と思って購入すると、間違った選択をしてしまうのです。

投資用マンションかどうかに気を付けよう

比較的築浅の賃貸マンションに住んでいた30代の飯田ご夫妻。

お子さんが増えたため、この年代の中古マンションを購入して住みはじめたところ、思わぬトラブルに巻き込まれてしまいました。壁や床が薄く周囲の騒音に悩まされるだけでなく、やんちゃな2人の息子さんの生活音が周りに迷惑をかけると、頭を悩ませています。「息子たちに『走っちゃダメ!』と注意ばかりしている毎日に、疲れてきました……」と漏らす飯田さん。

この年代の投資や投機用マンションには、ワンルームマンションなど比較的狭いものが多いですが、たまたまファミリータイプの投資マンションにあたってしまったようです。

1980年代の中古マンションを購入する場合は、その中古マンションの建築の背景は投資や投機なのか、ヴィンテージなのか、などを見極めることが重要です。

Valuable Secondhand condominium

04

1990年代の中古マンションの特徴

1990年代は、前半と後半でマンショントレンドが変わります。1991年にバブルが崩壊すると景気低迷によりマンションの価格も下がりはじめます。プランも標準仕様で、専有部分も小さいものが増えていきます。

1990年代前半は、生活に便利なプラス機能や住宅設備機器の改善がされた時期です。たとえば、ユニットバスの追い焚き機能が付いたり、朝シャンブームから洗面台にシャンプードレッサーが付いたりしました。今や標準ともいえるウォシュレットが登場したのもこの頃です。

また、二重床や二重天井、バリアフリー仕様も増えてきます。国際的な流れを受け、日本でも1994年バリアフリーに関する「ハートビル法」が制定され、不特定多数が出入りする病院やホテル、デパートのほか、住宅にも採用されていきました。

1990年代後半は、1995年の阪神・淡路大震災を契機に、構造や基本性能に対する関心が高まり、制振構造、免震構造などの新技術が発達していきます。

また、床(屋根)スラブの標準が約15cmから18~20cmと厚くなり、床仕上げは「直張り」から「二重床」になるなど遮音性能もアップしました。住宅の基本性能が進化した時代です。スラブとは、鉄筋コンクリート造りの床や屋根のことです。

価格を抑えるため部屋の広さ(専有面積)を広げず、室内の有効面積を増やすため柱型を外に出す「アウトフレーム工法」を採用したのもこの頃です。これにより室内の有効面積が増えました。

さらに、「逆梁ハイサッシ」で採光をより良くして開放感を増加させるなど、空間的な質が向上していきました。

アウトフレーム工法は、室内に柱の出っ張りがないため家具も配置しやすいです。逆梁ハイサッシは、通常、床スラブの下側(サッシの上部)に位置する梁をバルコニーの外側に出し、床スラブの上で吊る形になるため、サッシを高くすることができます。

またこの頃、東京都中央区の工場跡地である佃島に、のちにタワーマンションの代名詞ともいわれる8棟のタワーマンション「大川端リバーシティ21」が建築されました。なか

図表13 アウトフレーム工法とは

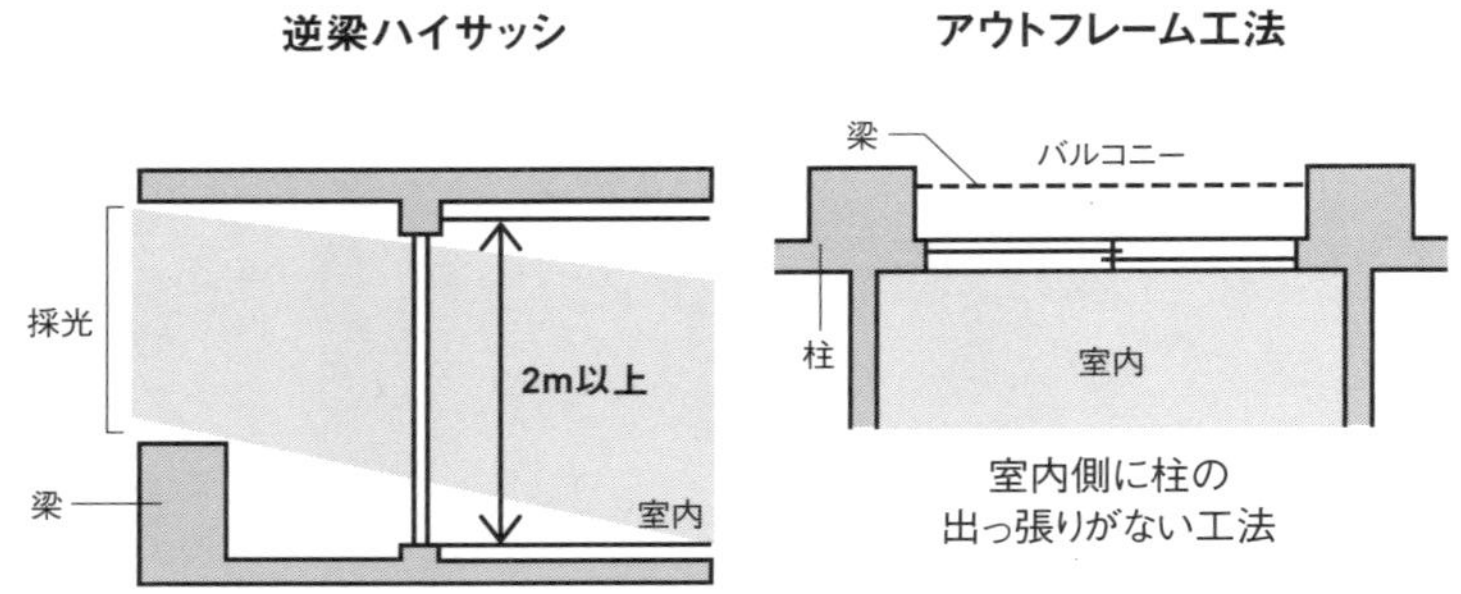

でも1999年竣工の「センチュリーパークタワー」は地上54階建て、1棟で754戸というスケールで、ウォーターフロント再開発の先進事例ともいわれています。2000年以降に続く「大規模開発・超高層タワーマンション」ブームの先駆けとなりました。

この背景には、1990年代に企業の不良債権処理が進んだことによって、都心部の寮・社宅や周辺部の工場跡地が放出されたことが影響しています。大型プロジェクトが進めやすくなったためです。

1999年には「**住宅品質確保促進法**」が制定され、「**住宅性能表示制度**」がスタートすることになりました。

この年代の中古マンションを購入する場合は、まず1990年代前半の物件なのか、後半の物件なのかを確認します。そして次の項目は必ず確認しましょう。

・床スラブの厚さはどうか
・床仕上げは「直張り」ではなく「二重床」か
・天井は「二重天井」か
・「アウトフレーム工法」など家具の配置はしやすいか
・制振や免震構造が採用されているか

次に、この年代の中古タワーマンションの購入で気をつけたいのが、バブル期を彷彿させる見た目の豪華さに惑わされてしまうことです。

見た目の豪華さに惑わされてはいけない

お子さんが独立され、50代後半でこの年代のタワーマンションを購入した石田さんご夫妻。「当時あこがれていた億ションに住めるなんて夢のようだと思っていたのですが……」と表情は冴えません。

「エレベーターの設置台数が少なく、朝の混雑時にはエレベーターになかなか乗ることができません。ゴミ置場が各階にないのも不便で。共用施設も魅力的なものはなく、ほとんど使うことはありません」

タワーマンションや大規模マンションの醍醐味ともいえる共用施設の内容は、時代とともに変わっています。それどころか管理費等の設定は高経年の高級マンションほど高い傾向にあります。そのため、施設は陳腐化していないか、実質的な機能性はどうかなどの確認が必要です。

また、エレベーターの停止階が限られるなど、セキュリティ対策がなされているかも、押さえておくべきでしょう。

Valuable Secondhand condominium

05 2000年代の中古マンションの特徴

2000年代に入ると、床スラブの標準が18〜20㎝になり、また近年のマンションを選ぶ理由の一つでもある防犯面への充実が図られてきます。

さらに、2003年7月の建築基準法の改正によって換気設備の設置が義務付けられ、住宅全体のシックハウス対策として「計画的な換気」が必要となりました。これらの背景を受け、24時間換気や浴室乾燥機も普及するなど、基本性能が向上していきます。

また、1990年代後半からの流れを受けて本格的な「大規模開発・超高層タワーマンション」ブームが到来します。東京都港区、中央区、品川区、江東区の湾岸沿いであるベイエリアに多く供給されました。

これらの大規模プロジェクトやタワーマンションでは、基本性能が向上していることを受け、通風や採光よりも眺望が求められていました。

そのため、眺望を楽しむような一見いびつとも見える間取りのマンションも多く存在しています。

いっぽうで購入者の好みやニーズの多様化に合わせたセレクトプランの間取りや、オーダーメイドの浸透、素材感を重視するなど、本物志向の色合いも強まっていきます。

また、各部屋の設備よりも、開放感がある豪華なエントランス、フィットネスジムやゲストルーム、カフェ、なかには天然温泉やプール、エスカレーターまで兼ねそろえた物件が登場するなど、共用施設の充実が評価されていた時代ともいえます。

さらに、屋上庭園やガーデニングなど、環境共生の思想も生まれました。

また見逃せないのが、ソフト面の充実です。

コンシェルジュや専有部サービスなど、居住者と来訪者へのホスピタリティを追求するサービスが重要視され、ホテルライクな生活を提案する物件が増えた時代でもあります。

この年代の中古マンションは、基本性能の向上によって安全・安心は担保されていますから、「自分自身がどんなマンションライフを送りたいのか」「そのために必要な間取りや共用施設は何か」という視点を持つと選びやすくなります。

たとえば、「景観重視でつくられた間取りは住みにくくないか」「マンション内のジムやプールは頻繁に使用するのかしないのか」などがあげられます。

プールや天然温泉、機械式駐車場は、維持費がかかる施設の代名詞ともいえます。頻繁に使用するならいいのですが、使用しない場合でも、管理費等のなかから維持費や将来の修繕費などを払い続けることになります。こういった共用施設やサービスを使用するのかどうか、良く検討してから購入しましょう。

特に、タワーマンションの購入を検討している方は、東京オリンピックバブルを受け、価格が高騰しているエリアもあります。新築時の販売価格や近隣の価格相場を必ず調べ、あまりに高い場合は、価格交渉しましょう(162ページ参照)。

中古マンションは個々の住民が売主である場合が多いので、価格交渉に応じてくれる可能性があります。

また、この年代のタワーマンションの新築時の価格設定の特徴として、景観を楽しめる高層階は高い設定、低層階は低い設定になっていることが多いです。

Valuable Secondhand condominium

06 2010年代の中古マンションの特徴

2010年代に入ると**床スラブの厚さは20㎝以上が標準**となり、**マンションのデメリットの一つであった騒音トラブルも軽減**されています。

ただし、一部タワーマンションでは、重さの関係から20㎝以上ない物件も存在します。

引き戸の見直しや照明ボタンが押しやすくなるなど、高齢者や障害のある方だけではなく、すべての方が使いやすいよう、「バリアフリー」から「ユニバーサルデザイン」へと変化してきています。

また、2011年に発生した東日本大震災の影響から、備蓄倉庫や簡易トイレ、浄水装置の設置など、「災害に強いマンション」を売りにしたものが多く登場しました。既存マンションでも、防災対策に取り組む管理組合が多く存在しています。

さらに最新の新築マンションでは、電力自由化の後押しもあり、エコロジーに配慮した省エネマンションが増加しています。

たとえば、住宅性能表示制度の省エネ等級4であれば、暖房費が従来と比較して約35％もちがうともいわれています。

また、ペアガラス（複層ガラス）が多く採用され、結露を防ぐ効果が高いといわれています。ペアガラスとは、2枚のガラスを使用した窓のことです。一般的にこの2枚のガラスは厚さが3㎜で、ガラスとガラスの間に6㎜の空気層があり、ガラス＋空気＋ガラスで1つの窓を形成しています。このように2枚のガラスで空気層を作ることにより、高い断熱性能を発揮します。厚みがあるほうが断熱性能は高くなります。

さらに、エネルギーを無理なく賢く利用するツールとして、「**スマートマンション**」の導入がされている物件も出てきています。

スマートマンションとは、マンション全体でエネルギー管理、節電およびピークカットやピークシフトを行い、エネルギーの効率的な使用や無理のない節電を実現するシステムを持つマンションのことをいいます。太陽光発電や蓄電地、高圧一括受電の導入とともに、非常時の電力使用だけでなく、電気料を抑制する効果もあります。

修繕積立金会計の残高を確認しよう

2010年代のマンションは、中古とはいえいわゆる、未入居である新古物件、築浅物件など新築と変わらない仕様の物件も多く存在しています。実際に現在、中古マンションの売買事例は、築10年以内の新しい物件が主流になっており、とても人気があります。

それは新築マンションの供給が減り、かつ市場価格が高騰している現在において、新築と遜色ない魅力を持つ中古マンションが注目を集めているためです。現代におけるリサイクルへの価値観のちがいも影響しているかもしれません。ただし、注意したいのは、**修繕積立金会計の残高**です。新築とは違い、中古の場合は「**建物に対しての消費税**」と「**修繕積立基金**」の支払いを免れています。しかし、築10年前後の場合、入居してすぐに大規模修繕を実施するため、一時金を支払わなければならない可能性があります。築浅物件は、そういった意味でも新築とさほど価格が変わらない場合があります。これら金額も含めて検討が必要です。また、中古物件の購入には、不動産会社への手数料（一般的に物件価格の3％＋6万円）がかかることも、計算に入れておきましょう。

図表14 築年数別 中古マンションはここを見てから判断しなさい!

築年数	キーワード	確認すること
新築〜5年	●アフターサービス	アフターサービスは、部屋と共用部分を別々に考え、それぞれの内容やサービス期間をチェックする
	●管理費	管理費は何に使われているか? 無駄と思われるものはないか?
	●修繕積立金	今後、値上げ予定はあるか? あるならいつどのくらいの値上げが予定されているか?
	●長期修繕計画	修繕積立金の積算根拠。今後、築年数に応じてどんな工事を実施予定か? 一般的に最も早く実施する「鉄部塗装」や1回目の大規模修繕工事はいつかなどを確認
	●管理委託契約書	管理会社とは何年契約でどんな契約をしているか? 管理委託料は高すぎないか?「マンション標準管理委託契約書」に準拠しているか?
	●管理規約、使用細則	マンションにあった内容か? 「マンション標準管理規約」に準拠しているか?
	●総会	通常総会、理事会の開催月、決算月はいつか?
	●役員の選出方法	理事等の役員選出は、「立候補」「抽選」「輪番制」のどれか? 輪番制ならどんな方法でいつ頃まわってくるのか? 任期は何年か?
	●議決権割合	専有部分の床面積の割合か、1住戸1の議決権か
	●トラブル	騒音、ペット、駐車場、バイク置場、駐輪場、ゴミの分別など生活に関するトラブルはないか? トラブルの相談窓口や解決体制は整っているか?
	●コミュニティ形成	入居から数年で管理体制やコミュニティ形成が定着するといわれている。あいさつを交わすなど、近隣との付き合いはあるか 管理組合は機能しているか
築6年〜9年	●瑕疵担保責任、アフターサービス	10年で瑕疵担保責任やアフターサービスの契約が切れることが多い。契約が切れる前に外壁以外の「構造上重要な部分」や屋上防水など「雨漏りに関する部分」などを良く確認
	●長期修繕計画	鉄部塗装などの修繕は実施されたか? 修繕積立金の値上げがされた場合、長期修繕計画の見直しはされているか?
築10年〜15年	●大規模修繕工事実施前 ●長期修繕計画	大規模修繕工事は検討されているか? 検討内容や実施予定はいつか? それは長期修繕計画の予定通りか?
	●修繕積立金 ●修繕積立金会計	修繕積立金は足りているか? 急な値上げや一時金の徴収、借入れなどの予定はされていないか?

	●大規模修繕工事実施中	いつまで工事するのか？　早朝や深夜、年末年始などの時期は避けているか？　洗濯物や植栽、騒音など生活への配慮、防犯への配慮はされているか？
	●大規模修繕工事実施済 ●長期修繕計画	いつ実施されたか？　工事内容や金額はいくらだったのか？　屋上防水などの保証期間はいつまでか？　長期修繕計画の見直しはされたか？
築16年〜25年	●防犯カメラなどのセキュリティ	オートロック、ディンプルキーや二重ロック、防犯カメラの設置など防犯面の対策はとられているか？
	●エレベーター	朝の通勤時などはスムーズか？　防犯対策はされているか？　地震時管制運転などの安全装置は付いているか？
	●長期修繕計画 ●修繕積立金残高	次の大規模修繕工事に向けて見直しはされているか？　修繕積立金は足りるか？　急な値上げや一時金の徴収、借入れなどは予定されていないか？
	●大規模修繕工事	２回目の大規模修繕工事は検討されているか？　検討内容は「鉄部塗装」「外壁補修」「屋上等の防水」の他にもあるか？　実施予定はいつか？　既に工事は実施されているのか？
	●ペット飼育	ペット飼育の可否、飼育できる場合は種類や頭数、ルールを確認
築26年〜35年	●新耐震基準、旧耐震基準の判別	必ず竣工日を確認。もし旧耐震基準の場合は、耐震診断や耐震補強されているか？　これから耐震補強する場合、費用は足りるのか？
	●長期修繕計画	長期修繕計画はあるか？　ある場合、物価上昇や消費税増税も加味されているか？
	●修繕積立金残高	３回目の大規模修繕工事に向けて残高は足りているか？　急な値上げや一時金などは予定されていないか？
	●大規模修繕工事	３回目の大規模修繕工事は検討されているか？　検討内容は「鉄部塗装」「外壁補修」「屋上等の防水」の他にもあるか？　ある場合、どのような内容か？　バリアフリーの対策はされているか？
	●管理方式	管理会社へ委託しているか？　自主管理か？
築36年〜	●旧耐震基準、旧旧耐震基準の判別	必ず竣工日を確認。旧耐震基準や旧旧耐震基準の場合は、耐震診断や耐震補強されているか？　耐震診断が実施されている場合、Is値（耐震指標）はいくつか？
	●大規模修繕工事や改修、耐震化、建替えの検討	３回目の大規模修繕工事と耐震化は実施されているか？　先延ばしになっている場合の理由は何か？　建替えも視野に入れ複数の選択肢から総合的な判断はできているか？
	●長期修繕計画	そもそも長期修繕計画はあるか？　ある場合、物価上昇や消費税増税も加味されているか？
	●修繕積立金残高	３回目の大規模修繕工事に向けて残高は足りているか？　耐震診断や建替えの調査費用はあるか？
	●役員のなり手	理事など役員のなり手は足りているか？　それは住民の高齢化や賃貸化によるものか？　足りない場合、役員要件の見直し（管理規約の改定）はされているか？

Valuable Secondhand condominium

07 旧耐震基準、旧旧耐震基準とは?

中古マンションの購入を検討している際、気をつけなければならない事に、耐震基準があります。すでに説明しましたが、再度、ここで復習しておきましょう。

これは建物などが、どの程度の地震に耐えられるかを示す基準で、1981年5月31日までの建築確認の基準を「旧耐震基準」、1981年6月1日以降の基準を「新耐震基準」といいます。また、1971年より前の基準を「旧旧耐震基準」としています。建築基準法が1971年と1981年の2回改正されたことで、耐震基準やマンションの強度など建築のルールも変更されました。

たとえば、1995年阪神・淡路大震災時に神戸市内のマンション3096戸を対象とした被害実態の現地調査の結果では、「中破」「小破」「軽微」「損傷なし」の4つの項目において、どの耐震基準もほぼ同じ結果でしたが、「大破」だけは、「新耐震基準は被災率0・5%」なのに対して、「旧旧耐震と旧耐震は2・8%」との結果が出ています。

図表15 旧旧耐震基準、旧耐震基準、新耐震基準のちがい

旧旧耐震基準	●1971年（昭和46年）より前の物件	●震度5では倒壊しない
旧耐震基準	●1981年（昭和56年）より前の物件	●震度5では倒壊しない
新耐震基準	●1981年（昭和56年）以降の物件	●震度6強から7に達する地震でも倒壊しない

つまり旧耐震以前の建物は、新耐震に比べて、5倍以上「大破」件数が多かったということです。鉄筋コンクリート造のマンションは、コンクリート内に複数の鉄筋が通っています。横方向においては、一定の間隔で鉄筋を巻いている帯筋があるのですが、旧耐震以前の建物については、これらが不足している建物が多いのです。これが「大破」の原因とされています。日本には現在、約644万戸の分譲マンションストックがあるとされています。言い換えれば、これだけ中古の分譲マンションがあるのです。このうち、旧耐震基準以前のものは全国で約104万戸あるといわれています。

つまり、**中古マンション市場の6分の1程度が1981年より前のマンション**なのです。

日本は地震大国といわれています。いつ大地震が起きるかわからないことを考えると、中古物件を選ぶときには、

耐震基準は重要な判断材料です。

耐震（建物を耐力壁や強固な部材、筋交いなどで建物を頑丈にし「地震の揺れに耐える」）のほかにも、建物の揺れを軽減する手法はあります。

免震と制震・制振です。これは、揺れを軽減する仕組みに違いがあり、免震（建物と地盤の間に積層ゴムやダンパーなどを入れて「地震による揺れを軽減」）、制震（地震を制する）と制振（振動を制する）はどちらも「地震の揺れを吸収」します。使用場面によって使い分けられますが、構造は同じものを指します。それぞれ目的と原理が異なりますから、購入予定のマンションがどれを採用しているかは知っておきましょう。

また、購入予定のマンションの防災時の備え（防災マニュアルや防災組織、備蓄、名簿など）も確認しておきましょう。地震保険への加入の有無、水災不担保特約の有無、電気・ガス・水道などライフラインの停止時の対応、エレベータの「地震時管制運転装置」、消火器など消防設備の設置場所なども、よく確認しておきたいところです。

新耐震基準のマンションは、避難所に避難せずとも、慣れた部屋で「在宅避難」できるといわれているほどです。耐震性の高い建物で暮らすことは、お金には換えられない価値があるといえるでしょう。

Column 04

エレベータの「地震時管制運転装置」を知っていますか？

大手エレベータ会社の一つである三菱電機ビルテクノサービス株式会社がこのほど、地震発生時のエレベータに関する調査結果を発表しました。

調査結果によると地震が発生した際、初期微動（P波）を感知し、自動的にエレベータを最寄り階に停止させる装置「地震時管制運転装置」が、ご自身の住むマンションにあるかどうか知っているかの問いに「知っている」が65・6％、「知らない」は34・4％。また、この地震時管制運転装置を全てのエレベータに設置して欲しいかどうかについては「設置してほしい」が、68・9％という結果が出ています。

この初期微動（P波）は、大きく揺れる本震（S波）の数秒前に到達します。そのため、P波センサー付き地震時管制運転装置を備えたエレベータなら、初期微動（P波）の感知で最寄り階に自動停止するため、大きな揺れ（S波）が来る前に迅速な避難が可能といわれています。

また、「エレベータに乗っている時に地震が発生した場合の対応方法について、周知活動が必要だと思うか」については、「周知活動が必要だと思う」が93・0％にものぼっています。

その他、エレベータには、停電時に内部に乗客が閉じ込められることを防ぐ「停電時管制運転」、火災発生時に内部の乗客に対して安全に避難誘導を行う「火災時管制運転」という制御装置や、かご内に防災備蓄ボックスが設置されているマンションもあります。

購入を希望するマンションに「地震時管制運転装置」などがあるのかどうか。いつ起こるかわからない地震に備えて管理組合や管理会社などと協力して周知活動をおこなえているかどうかについて、必ず確認しておきましょう。

第 5 章

ババ物件をつかまないための見抜き方

Valuable Secondhand condominium

01 見た目の良さにダマされてはいけない

駅近で立地も良く、実際に見てみるとリノベーションされていてとてもキレイ。

おしゃれなデザイナーズマンションで、なかなか良さそう。それでいて安価！

もしかして掘り出し物、見つけちゃったかも……。

そんな時に注意したいのが、「**いわくつき物件**」「**旧・旧旧耐震基準**」「**計画・資金不足**」、そして「**建替え予備軍**」のマンションです。

中古マンションは、一般的に先着順となっているため「急いで決めないと、購入できないかも……」という心理状態の中で、大きな決断をすることになります。これが中古マンション特有の「ババつかみの要因」です。

そんな時こそ落ち着いて「本当にこのマンションで良いのか」「ここを終の棲家にして良いのか」と、一呼吸おいて考えるようにしましょう。

「不動産」は、いつか「負動産」になるかもしれない

そもそも不動産は、賃貸や売買などで転がせば転がすほど儲かるか、損をするかのどちらかです。

また、マンションを所有すると管理費や修繕積立金、固定資産税などの固定費がかかり続けます。相続や家族構成の変化などで空き部屋になった際に、賃貸に出したり、売却できない物件は、いずれ「負動産」になる可能性があります。

負動産とは売れない、貸せない、現金化できない、それどころか持ち出しとなる維持費もかかる資産価値のない不動産のことをいいます。

中古マンションを購入する際に、気をつけたいのがこの負動産です。相手からこのババ物件を引くことがないように、気を付けなければなりません。相手がなぜこのマンションを売りに出しているのか、必ず理由を確認しましょう。

Valuable Secondhand condominium

02 ワケあり、いわくつき物件とは？

見た目もキレイで新耐震基準なのに、非常に安い。訳もなく安い物件はありません。ここにも理由が潜んでいることがあるのです。

それは心理的瑕疵物件や、それ相応の物件です。

中古マンションを探していると、チラシや物件情報サイトの備考欄に特記事項として、「告知事項あり」などと書かれているのを見たことはないでしょうか。

これは「**心理的瑕疵物件**」といって、物件そのものには瑕疵や欠陥はないのですが、買主が購入を決めるにあたり、「購入の判断を躊躇する物件」のことをいいます。

つまり購入にあたり、心理的・精神的に強い抵抗を感じる物件のことです。

これには、次のような例が当てはまります。

・自殺や殺人

- **火災による死亡**
- **物件周辺での事件、事故、火災の発生**
- **騒音や悪臭**
- **大気や土壌汚染などが発生する施設がある**
- **墓地や宗教団体の施設がある**
- **暴力団などの事務所がある**

いわゆる**事故物件**と呼ばれるものは、心理的瑕疵物件の一つです。

心理的瑕疵物件は、宅地建物取引業法で、不動産会社が購入予定者に告知する義務があります。そのため、物件見学時や担当者からの説明、**重要事項説明書**などの書類で確認することができます。

ただし、問題もあります。

不動産会社によって、心理的瑕疵物件の定義があいまいなのです。

孤独死や孤立死があっても、発見が遅れただけで病死や自然死のため心理的瑕疵はないと判断されれば、告知されることはありません。

また、不動産関連の法令などにも、明確な基準はありません。

たとえば「自殺や殺人から1年経過したら、心理的瑕疵物件にはあたらない」などの、事故経過後どれくらいまでは告知義務があるのか、期間の定義がないのです。

そのため、**事故物件（心理的瑕疵物件）に誰かが一度でも入居すれば、その後の告知義務はない**など、売手が条件や期限を決めて通常の物件として売りに出されているのが現状です。

事故があった部屋と、上下左右の部屋以外は告知しなくていい

20代の須藤さんご夫婦は、このエリアにしては格安といえる物件を見つけました。不動産会社の担当者からも、「相場よりも安く、しかもリノベーション済みでおしゃれなので、大変おすすめです！　早く契約しないと売れてしまいますよ」と言われ、購入を決めました。新耐震基準の築5年のマンションです。

ところが入居後、同じ階のある部屋で、1年前に殺人事件があったことを知りました。不動産会社に「告知義務違反ではないか」と話したところ、「我が社での告知義務は、事故があったお部屋と、その上下左右の部屋という決まりがあるため、ただ同じ階の部屋というだけでは違反に当たらない」と説明を受けたそうです。

「30年のローンを組んで買ったマンションですから、すぐに移るわけにもいきません。エレベーターを使うには、必ずその部屋の前を通ることになります。なんだか怖くって……。安いからといって、飛びつくものではありませんね」とおっしゃっていました。

このように、**事件があった部屋のみを告知するか、その周囲の部屋も告知するか、マンション全体として告知するか、という基準はあいまい**なのです。

また、ここ数年の事故であれば、近隣や不動産会社でも把握できますが、十数年も前の場合、管理会社や不動産会社でも把握できていないこともあります。物件見学時に管理員や住民などにマンション全体で事件や事故、火災などが過去になかったか、念のため確認しておきましょう。

Valuable Secondhand condominium

03 事故物件を見分ける方法

1.価格が安すぎる場合は疑う

駅近、築年数、間取りなどの条件が良いにもかかわらず、価格が相場よりも明らかに安い場合は、心理的瑕疵物件の可能性があります。2割以上、なかには半額程度の物件も。ちなみに、UR都市機構の賃貸募集では、心理的瑕疵物件を特別募集住宅として1年程度、通常賃料の半額で入居者募集がされています。

2.不動産会社の担当者に確認する

心理的瑕疵物件は、不動産会社に告知義務があり、告知しない場合は「重要事項説明義務違反」として罰せられます。まずは不動産会社の担当者に告知事項ありの有無にかかわらず、「この部屋やマンション全体で過去に事件や事故、火災などはありませんでしたか?」と必ず確認しましょう。

3.物件や周辺で聞き込みをする

マンションの受付にいる管理員や住民（売主含む）、その周辺の人々に聞き込みをしてみましょう。その際、マンション敷地内は私有地だということは、くれぐれも忘れずに。時間はかかりますが、周辺環境も把握できるのでおすすめです。

4.専門サイトや専門会社で調べる

なかには心理的瑕疵物件であることを伝えるサイトや、心理的瑕疵物件を専門に扱う不動産会社もありますが全体からみればまだ少数派です。おすすめは、株式会社大島てるが運営する「事故物件公示サイト」です。サイトの日本地図上の任意地域をクリックすると、自殺や殺人、火事、孤独死などの心理的瑕疵物件の情報を見ることができます。マンション名や部屋番号まで明確なものもあります（「事故物件公示サイト」http://www.oshimaland.co.jp/）。また、競売物件は手続きが簡素化し、個人でも格安で住宅が購入できるため人気がありますが、なかには訳ありなどの物件もあるので、くれぐれも慎重に（「不動産競売物件情報サイト」http://bit.sikkou.jp/app/top/pt001/h01/）。

Valuable Secondhand condominium

04 旧耐震基準、旧旧耐震基準のマンションはやめなさい

たとえば「駅近で立地が良く、リノベーションされていてキレイ。価格も安いし実際に見学をしたら気に入った」という中古マンションがあるとします。

相場より安いのには理由があります。

その理由として多いのが、再三申し上げてきた「旧耐震基準」や「旧旧耐震基準」で建てられているマンションの場合です。

耐震基準については先ほどお話ししたように、「旧耐震基準」「旧旧耐震基準」で建てられたマンションは、日本の分譲マンションの約6分の1に当たります。

特に、1971年より前に竣工された旧旧耐震基準の建物には、より注意が必要です。

近年、これら旧耐震基準や旧旧耐震基準のマンションを売りたいがために、リノベーションをして販売するケースが増えています。見た目はキレイでも、大地震の発生時には大変な危険を伴いますので、くれぐれも注意しましょう。

「建築確認済証」の交付日

「耐震化（耐震診断＋耐震補強工事）」には、多額の費用がかかります。

鉄筋コンクリート造の延床面積1000〜3000㎡の建物で考えると、耐震診断の費用だけでも、床面積1㎡当たり500〜2500円程度かかり、合計費用は数百万円にものぼります。

また、耐震補強工事となれば、床面積1㎡当たり1万5000〜5万円といわれ、数千万円、なかには億単位の金額がかかったというマンションもあります。

さらに、金融機関によっては耐震に関することが、住宅ローン審査の項目の一つとされ耐震化されていない「旧耐震基準」「旧旧耐震基準」は、審査が通りにくいとされています。

耐震性や設備、仕様などを総合的に考えると一つの目安として1981年以降に建築された中古マンションがおすすめです。「建築確認済証」の交付日は必ず確認しましょう。

Valuable Secondhand condominium

05 長期修繕計画や資金がないマンションに注意

マンションの資産価値を維持するために必要なのが「**長期修繕計画**」です。

しかし、最新の調査結果「平成25年度のマンション総合調査」によると、8%のマンションが、いまだ長期修繕計画を作成していない状況にあります。

中古マンションを購入する際には、そもそも「**長期修繕計画書があるか、ないか**」は、必ず確認しておきたいポイントです。長期修繕計画がないようなマンションでは、行き当たりばったりに工事を行ったり、根拠がない金額を修繕積立金として徴収されたり、急な一時金の請求を求められたりする可能性があるからです。管理組合がうまく機能していない場合も多く、住んでからのトラブルが大いに懸念されます。

大規模修繕工事は、おおよそ10~12年に1度実施します。これには多額の費用がかかります。その費用を、そのつど徴収していたのでは、個々の生活に影響するだけでなく、未納などにより費用の不足が発生し、必要な時期に必要な修繕ができない恐れがあります。

図表16 長期修繕計画を必ずチェック!

分類	工事項目	工事周期
建築	外壁塗装工事	10〜12
建築	共用内部塗装工事	10〜12
建築	鉄部塗装工事	5〜6
建築	下地洗浄工事	10〜12
建築	クリーニング工事	10〜12
建築	下地補修工事	10〜12
建築	シーリング工事	10〜12
建築	防水工事	10〜15
建築	雑工事	10〜24
建築	直接仮設工事	—
建築	共通仮設工事	—
建築	企画・設計・監理料	—
建築	建物調査診断料	—
設備（空調設備）	換気扇・有圧換気扇	10〜11
設備（空調設備）	シロッコファン	15
設備（空調設備）	エアコン	15
設備（衛生設備）	受水槽	20〜25
設備（衛生設備）	高架水槽	20〜25
設備（衛生設備）	給水ポンプ	13
設備（衛生設備）	排水ポンプ	10
設備（衛生設備）	共用部給水管	23
設備（衛生設備）	共用部排水管	35〜45
設備（衛生設備）	共用部汚水管	35〜45
設備（衛生設備）	消防用設備	24
設備（衛生設備）	給排水管調査料	—
その他（電気設備）	照明器具	20
その他（電気設備）	TVアンテナ	15
その他（電気設備）	避雷針	20
その他（電気設備）	エレベーター	30
その他（電気設備）	集合郵便受・宅配ボックス	20
その他	機械式駐車場	20〜25
その他	駐輪機	13
その他	共用ガス埋設主管	20〜25
その他	外構（アスファルト・インターロッキング）	20
設備	ITV設備	8・12

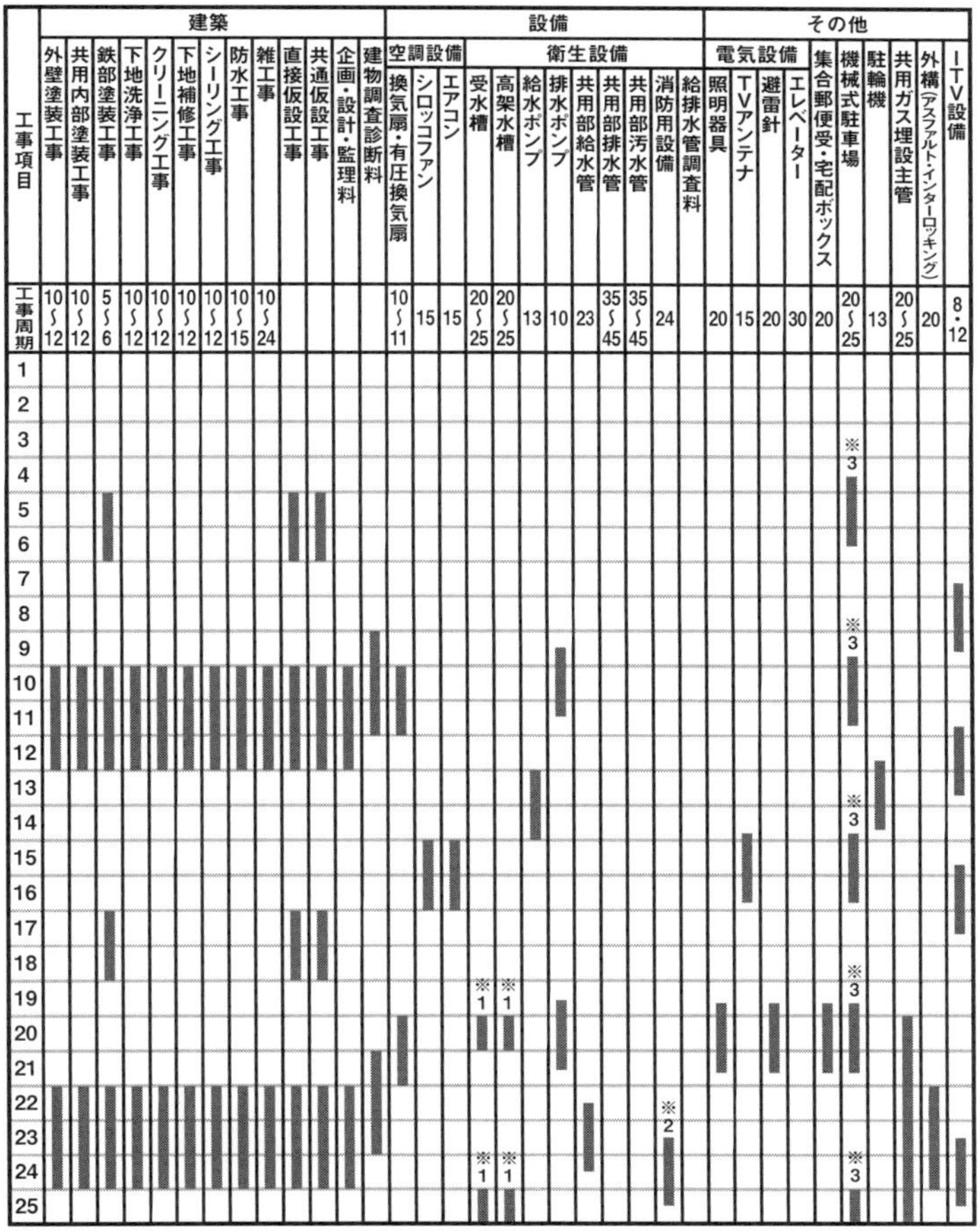

※1 屋外設置は20年目、屋内設置は25年目取り換えで計画。
※2 消火栓ボックスや消防用補給水槽は24年目取り換え、消火ポンプは30年目取り換えで計画。
※3 屋外設置は20年目、屋内設置は25年目取り換えで計画。また、5年ごと整備を計画。
注：マンションの仕様や規模により工事項目が異なる場合がある。

図表17 築年数別の修繕積立金の平均額は?

（単位：円）

新築	7,031
5年以内	7,193
6年～10年	9,815
11年～15年	10,773
16年～20年	11,826
21年～30年	12,505
31年以上	14,047

2016年9月～2017年8月
新規分譲・中古流通した専有面積
30㎡以上の物件を対象に70㎡換算

出所：東京カンテイ

そのため、管理費とは別に、大規模修繕工事に備えて区分所有者から毎月一定額を徴収して、積み立てる仕組みが一般的に採用されています。これを「**修繕積立金**」といいます。

この**修繕積立金は、長期修繕計画が算定数字の根拠**になっています。つまり、長期修繕計画書がないマンションでは、修繕積立金が適切に徴収されているかも疑問です。

長期修繕計画書は、一度作成されたら終わりではなく、修繕計画の見直しに合わせて、必要な費用が確保できるよう定期的に見直し（おおよそ5年程度）を行うものです。その際には、修繕積立金の見直しもあわせて行われることが一般的です（段階的値上げを想定。均等積立方式を除く）。購入予定のマンションで、このような見直しが定期的に行われているかどうか、必ず確認しましょう。

また、築年数が浅いマンションを選んだからといって、それだけでは安心はできません。築年数が浅いマンションの場合、修繕工事の実施時期まで余裕があるように思われ、修繕積立金の見直しがされないまま大規模修繕工事の検討時期を迎える、ということが実際にあるからです。

特に、**修繕積立金の当初の設定額が低いマンションは、注意が必要**です。いざ工事を行うときに資金が不足していると、①**無理な値上げ**、②**一時金の徴収**、③**借入れ**、などを行わなければなりません。くれぐれも、早い時期から適切な修繕工事費の積立をする、しっかりとした管理組合のあるマンションを選ぶようにしましょう。

また「大規模修繕工事検討中」の中古マンションを購入する場合は、入居後すぐに一時金の徴収や修繕積立金が値上げになる可能性もあります。必ず検討内容や一時金の徴収、値上げの可能性があるかどうかを確認しておきましょう。

大規模修繕工事が未実施かどうかをチェック

さらに、「大規模修繕工事が未実施」というマンションもあります。この場合、本来の大規模修繕工事の時期を確認し、大幅に遅れている理由を把握しておく必要があります。「修繕積立金の設定が低すぎる」「滞納が多く帳簿と実際の残高にかい離がある」など、修繕積立金会計に資金がなく、実施したくても実施できないマンションもあるのです。

あなたが購入を検討しているマンションで、「直近いつ大規模修繕工事を実施したのか」「工事内容は、大規模修繕の基本ともいえる**屋上等の防水、外壁補修、鉄部塗装**は実施か」「現在検討している最中か。検討が長引いている場合、理由は何か」などを必ず確認しておきましょう。

また、長期修繕計画には、おおよそ5年を目安に段階的に値上げをする「**段階増額積立方式**」と、20年以上など長期間にわたって修繕積立金が変わらない「**均等積立方式**」の2つがあります。一般的に「段階増額積立方式」を採用しているマンションの方が多いため、入居後に修繕積立金は値上げがあるものと心づもりをしておきましょう。

Valuable Secondhand condominium

06 「建替え予備軍」のマンションである

戸数が増え続ける中で、築年数を経て老朽化したマンションの存在は、社会問題となっています。耐震性が不足しているなど、修繕だけでは解決できない場合は、改修や建替えの検討を行うことになります。

なかには改修（修繕＋改良）で個別に対応するよりも、建替えでトータルに解決したほうが、経済的な負担が少なくなる場合もあります。そんな「建替え予備軍」のマンションを引いてしまっては目も当てられません。購入を検討している中古マンションの築年数が古い場合、建替えの検討をしていないかどうかを必ず確認しましょう。

もし、その時点で検討をしていなくても、高経年のマンションを購入する場合は、遠くない将来に耐震化や建替えがあるかもしれないと思っておきましょう。

実際に「せっかく安くマンションを買ったのに、建替えのために多額の費用を払うことになった」「引っ越しをしたとたん建替えのため仮住まいに引っ越すことになった」という声もちらほら聞こえてきています。

また、建替えの際、現在の建築基準法に適合していない建物は、今より小さい部屋しか建築できない可能性もあります。建替えたはいいけど、部屋が狭くなってしまった、というのは避けたいところです。

中古マンションを選ぶ際は、長期的視点で耐震基準がしっかりしている1981年以降のものを、設備や仕様まで望むなら2000年以降のマンションを購入されることをおすすめします。必ず「建築確認済証」の交付日を確認しましょう。「建替え予備軍」のマンションは、投資や短期的住まいでいいという場合を除いてやめておきましょう。

建替え費用が足りない場合は、一時金として負担する必要が

現在の築古マンションは、3回目の大規模修工事を検討するあたりから（築30～40年程度）、修繕や改修をするのか、それとも建替えをするのかという問題が出てきます。

本来マンションは丈夫なため、築後50年や100年持つとされ、なかには200年住宅というのもあるほどです。

3回目の大規模修繕工事あたりで、建替えの話が出てくるのには2つの理由がありま
す。一つは、**管理状況が悪くメンテナンスがされていない**こと。

もう一つは、**多額の費用がかかる耐震化への対応**です。

「大規模修繕・改良工事」＋「耐震化」の費用と「建替え」の費用を比べると、あまり変わらない場合があるのです。実際に建替えをする場合は、どの位の費用がかかり、個々の住戸の負担はどの程度になるのでしょうか？

たとえば、既存建物の3倍の面積に建替えができた場合、所有者の負担はゼロになる可能性があります。また、既存建物の2倍では戸当たり500万～1000万円程度の負担、現状と同じ面積だと2000万円程度が、費用目安とされています。

現状面積より大きな面積がとれない、または面積が小さくなる建替えにおいては、足りない費用は一時金として負担することになります。**実状として一時金（自己負担）なしで建替えるというのは、相当な好条件に恵まれた場合を除き難しい**といえます。

また、このような高経年のマンションでは、高齢の住民が多いこともあり、体力面、資金面など合意形成に至るまでも、大変な道のりです。

建替えで今の部屋より狭くなる、一時金（自己負担）がある、仮住まいを強いられる、

短期間での引越しが必要など、いばらの道といえます。

また、多くの管理組合が、耐震化や建替えの検討費用を長期修繕計画には盛り込んでいません。高経年の中古マンションを購入する場合は、何年住む予定かにもよりますが、耐震化や建替えも視野に入れて、購入を検討しないと大変な思いをする可能性が高いのでくれぐれも注意してください。

さらに、建替えの話ではありませんが、購入希望のマンションエリアの洪水、土砂災害、津波のリスク情報、道路防災、土地の特徴や成り立ちなどを、国土交通省や各市町村が作成したハザードマップで確認しておきましょう。

特に、機械式駐車場があるマンションでは、外水氾濫だけでなく、雨水が都市の排水処理能力を超えて起こる（ゲリラ豪雨などの）内水氾濫リスクも押さえておきましょう。

国土交通省ハザードマップポータルサイト～身のまわりの災害リスクを調べる～
https://disaportal.gsi.go.jp/
内水リスクマップ（株式会社建設技術研究所）
https://www.riskma.net/

第6章

内在するマンショントラブルを見抜く方法

Valuable Secondhand condominium

01 マンションは「管理を買いなさい」というが……

夢のマイホームを手に入れ住み始めたのに、なんだか思っていたのと違う！　思いもよらないトラブル続きで、快適に生活できないとしたら、こんな悲しいことはありませんよね。

新築マンションを購入する場合、営業担当者は一定の教育を受けてから販売を担当します。いっぽうの中古マンションは、不動産会社の担当者の知識や経験に応じて説明に差があり、知らないうちに情報弱者のまま購入してしまう可能性があります。

「マンションは管理を買いなさい」というのは、近年よく聞く言葉ですが、中古マンションこそ、マンション管理の良し悪しが大きく影響します。

これまでは主に、部屋や建築基準などのハード面を見て、どのような物件を選べばいいのかを説明してきました。本章では「管理面・ソフト面」に注目して見ていきましょう。まずは、マンションでよく起こる「三大トラブル」について説明します。

Valuable Secondhand condominium

02 マンションの三大トラブルは「駐車場・駐輪場」「生活音」「ペット」

そもそも一戸建てと違い、人が集まって住むマンションでは、居住者間を中心としたさまざまなトラブルが発生します。

おおよそ5年に一度実施される「平成25年度マンション総合調査」のマンションにおける「トラブルの発生状況」の結果を見ると、過半数の65・6％のマンションで何らかのトラブルを抱えています。

そのトラブルは、「**居住者間の行為、マナーをめぐるトラブル**」が55・9％と最も多く、次いで「**建物の不具合に係るトラブル**」が31％、「**費用負担**」が28％となっています。特に、単棟型と団地型を比較すると、団地型の方がトラブルの発生率が高くなっています。

この居住者間の行為、マナーをめぐるトラブルを具体的に見てみると、「**違法駐車・違法駐輪**」が最も多く40・1％、次いで「**生活音**」が34・3％、「**ペット飼育**」が22・7％です。これらはマンションの三大トラブルともいわれています。

どんなトラブルが多いのか、事前にチェックしておこう

また「建物の不具合に係るトラブル」を具体的に見てみると、「**水漏れ**」が18・8%と最も多く、次いで「**雨漏り**」が12・2%となっています。

さらに「費用負担に係るトラブル」の具体的内容は、「**管理費等の滞納**」が27・2%となっています。

つまり、どれだけ立地が良く素敵なマンションでも、トラブルが発生している中古マンションを購入すれば、入居後からトラブルに巻き込まれる可能性があるということです。

余計なトラブルに巻き込まれないため、購入時にはマンションでどのようなトラブルが起こっているか確認しておきましょう。

図表18 居住者間のマナーをめぐるトラブルの具体的内容とは？

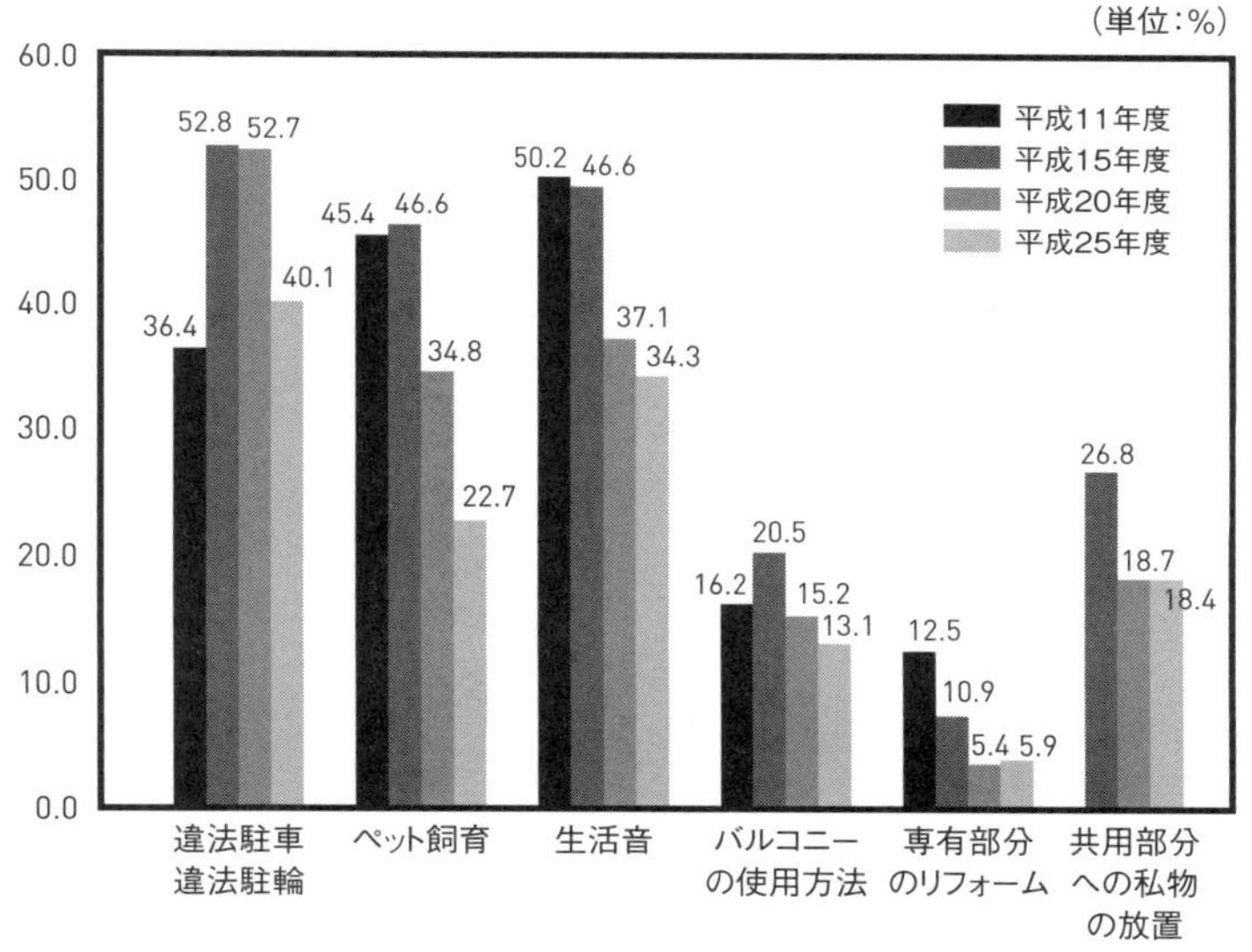

平成11年度：N=907　平成15年度：N=1,058
平成20年度：N=2,167　平成25年度：N=2,324　（重複回答）

いずれのトラブルもほぼ減少傾向となっている。平成25年度は、違法駐車・違法駐輪が40.1％と最も多く、次いで生活音が34.3%、ペット飼育が22.7%となっている。

出所：「平成25年度マンション総合調査結果」（国土交通省）

Valuable Secondhand condominium

03 トラブルのトップ！違法駐車、違法駐輪は何が問題なの？

違法駐車や違法駐輪は、「郵便受けからチラシがはみ出ている」「照明がチカチカして今にもきれそう」「エントランスが蜘蛛の巣に覆われている」などと同じように、管理状況を判断するバロメーターともいえます。特に駅近のマンションでは、一度、自転車を駐輪し注意されない場合、また駐輪するという常習者がでてきます。こうなってくると外部者が侵入しやすくなり、自転車のカゴにゴミをポイ捨てするなどにつながっていきます。ひどい場合は盗難自転車を乗り捨てていくようなことも。

また、違法駐車は「自分の車が止められない」「出入りや避難の妨げとなる」などの問題があります。公道であれば警察へ通報すれば対応してもらえますが、マンションの敷地は私有地のため、警察からは「住民の話し合いで解決してほしい」といわれることが多いのです。この場合、注意したくても車の所有者がわからず、管理組合でレッカー車まで手配するわけにもいかず、途方に暮れることもあります。

Valuable Secondhand condominium

04 駐輪場が不便なマンションは考えもの

一般的に駐輪場は、マンションの規模によって、条例や指導で台数を義務づけられていることが多く、各住戸1台以上の保管場所があるのが望ましいとされています。

2段式の駐輪場が採用されている場合、「上段しか空いていなくて毎日の出し入れが苦痛」という声も聞こえてきます。

また、駐輪場の不足、子供用の駐輪場がないなど設備が十分でない場合、エントランスや、エレベータで自転車を運び自宅玄関やバルコニーに置いているような方もいます。これは避難通路をふさぐことにもなるので問題です。自転車を利用される方は、「駐輪場の空き状況」「借りる際のルール（1住戸何台までか。先着順か抽選かなど）」「月額使用料」などを確認しておきましょう。近年、大型マンションを中心に、「機械式駐輪場」や「マンション向けシェアサイクル」の導入もスタートしています。こういった取り組みが見られるマンションは、管理がきちんと行き届いているという目安にもなります。

Valuable Secondhand condominium

05 バイク置場が足りない

近年の車離れから、バイクを愛好する方も増えています。しかし中古マンションの多くにはバイクを停める場所がなく、駐輪場やエントランス、通路などに無断駐車しトラブルになっているケースをよく見かけます。たとえば、避難通路をふさぐだけでなく、子供用の駐輪場の横に大型バイクが停められて危険であったり、使用料を支払っていないことによる不満が内在しやすいなどがあげられます。

もし空き駐車場があるマンションの場合、今後バイク置場に転用する計画があるかどうかもあわせて聞いてみましょう。

ただし、同じスペースを駐車場ではなくバイク置場として使用する場合は、マンションの管理費会計の収入が下がってしまう可能性があるため、管理組合（マンション管理）という側面から総合的に考えることも必要です。

Valuable Secondhand condominium

06 機械式駐車場はある？ 駐車場は空いてる？

これまでは「マンションの駐車場問題」といえば、「駐車スペースが足りない」というものでした。しかし、若者を中心に車を手放す方が増え、「駐車場の空き問題」がマンションに生じています。二つの側面から見ていきましょう。

空きスペースがあるか

車を運転する方は、まずマンションに駐車場があるのかないのか、ある場合は「空きスペースがあるか」の確認が必要です。一般的にマンションの駐車場は近隣相場より安いことが多いため、できればマンション内の駐車場を使いたいところです。貸出ルールが明確か「1住戸1台」などの決まりがあるのかも確認しておきましょう。

また、駐車場が共用施設ではなく「分譲車庫権利付きマンション」として販売されていることもあります。この場合は、駐車場使用料を支払わずに利用できます。

す。

駐車場が空きすぎている

車がないからといって、駐車場に関する確認をおこたってはいけません。

車離れの結果、管理組合の駐車場に空きが生じていることが、問題となっているためです。

多くの管理組合が駐車場使用料を、管理費・修繕積立金会計の収入源としています。そのため、駐車場使用料が減ると収支バランスが崩れてしまうのです。中規模マンションに15年住んでいる橋本さんのお話です。

「空きスペースが増えて駐車場からの収入が減ったために、3年前に月の駐車料金が1000円値上がりしました。それでも管理費等をカバーすることができず、現在は管理費と修繕積立金の値上げを管理組合で検討しています。これ以上の出費が生じるのはもちろん避けたいところですが、駐車場の利用者を増やすのは、なかなか難しいようです」

特に、維持費がかかる機械式駐車場がある管理組合は、このような問題を抱えていることが多いです。一定数の空きが生じることにより、駐車場の維持費すらまかなえず、修繕費などの費用負担をどうするか懸念している状況が見受けられます。

駐車場の空き状況をヒアリングする

多くのマンションが、駐車場使用料も、「管理費会計」もしくは「修繕積立金会計」と合わせた会計を行っています。そのため、駐車場に空きが多ければ、車を所有していない住民も含めて管理費等で駐車場のメンテナンス費用を負担することになります。

もし駐車場だけに特化した「駐車場会計」が別にあれば、駐車場使用料のみを収入として費用負担（駐車場使用者のみで負担）をするため、多額の維持費がかかる機械式駐車場の長期修繕計画も立てやすく、駐車場使用料の改定もしやすいのですが、こういった会計を行っているマンションは少数です。

購入を検討する際には、**必ず駐車場の空き状況をヒアリングしましょう**。もし空き対策として「外部貸し」などが行われている場合は、防犯面への配慮がなされているかもあわせて確認が必要です。募集方法や運営ルール、さらに課税対策（駐車場の外部への貸し出しは収益事業のため）がしっかりなされているかも知っておきたいところです。

Valuable Secondhand condominium

07 今まで「騒音トラブル」はなかったか？

騒音トラブルは、当事者同士の信頼関係によって、深刻度が大きく左右されます。挨拶を交わすなど住民同士のコミュニケーションが活発だったり、普段から近隣コミュニティと交流がある場合、問題はさほど大きくならずに済むことも多いものです。たとえば、うるさいと思っていた音が良く知る子供の足音だとわかると気にならなくなる、といったようなケースがあげられます。

そのため、マンション内の行事が活発に行われていたり、自治会や町内会活動に積極的に協力する住民が多いマンションは、広い意味において「騒音対策が行われている」といえそうです。そのような側面を含め、騒音トラブルはそのマンションの住みやすさを表すバロメーターともいえるのです。

騒音トラブルの有無は、エントランスや掲示板などで確認することができます。次のポイントを参考に、現地見学の際には必ずチェックするようにしましょう。

Valuable Secondhand condominium

08 現地見学&書類で確認するポイントはここ!

〈現地〉

◎エントランスや掲示板、エレベータ内などに騒音に関する注意文がないか。

◎掲示がある場合、そのマンション内で「騒音あり」ということ。

◎現在の所有者、近隣、管理員などに、マンション全体と部屋に関してヒアリングをする。

◎購入を検討している部屋に関する騒音がありそうな場合は、想定される時間帯に出向き直接音を確認する。その際、必要に応じて音の大きさを測る測定器なども持参する（測定器は、地方自治体で無料で借りられることも）。

〈書類〉

◎重要事項説明書の特記欄などに騒音についてコメントがないかを確認。

◎騒音についてルールがあるかを確認。たとえば「ピアノは、夜9時〜朝9時の時間は演奏しない」「駐車場でのアイドリングを出来るだけ避ける」「パーティーなどは周囲の迷惑にならない範囲で楽しむ」など。

◎管理規約や使用細則、入居のしおりに盛り込まれているか（入居のしおりは、ないマンションも多いですが所有者、賃貸者にかかわらず目を通す書類なので、今後の騒音トラブルの未然防止としても有効）。

◎管理規約や使用細則などで、購入を検討しているマンションのフローリングの基準を確認する。築年数が新しい方が音には強い。

◎騒音がある場合、床にカーペットを敷く、床下に断熱材などの防音工事をするなど、技術的な解決が可能かどうか。リフォームする場合は、防音工事も検討する。

◎住民が悩んでいることを投稿できる「目安箱」などの仕組みがあるか。管理組合が機能しているかどうか。

◎騒音トラブルがあった際に管理会社や理事会が対応してくれるか（窓口になってくれるか）。掲示板にある連絡先に、あらかじめ対応方法を聞くのも一つの手です。

現在、騒音トラブルがないマンションを購入するのがベストですが、マンションという一つ屋根の下に集まって住む以上、いつ騒音トラブルに巻き込まれるかはわかりません。

また、部屋のみならず、駐車場やエレベーター、給排水設備、屋上アンテナなどの共用部分から出る音がうるさいこともあります。

特に、24時間捨てることが可能なゴミ置場近くの住戸は、扉の開け閉め音などがうるさく感じられることもあります。共用施設に近い住戸の購入を検討している場合は、より慎重になりましょう。

騒音トラブルは長期化する場合も

音は振動によって空気や、柱や梁、壁を伝わります。マンションは構造上、音が特殊な伝わり方をすることがあるので、上の部屋から聞こえる音だと思っていたら、実は斜め上の部屋が原因だった、などというケースも珍しくありません。

「この音はいったいどこからきているのか」確証がもてないことがあるのです。

また、入居まもなくとなれば、周りにどんな人が住んでいるのかもわからず、直接抗議

図表19 音の大きさ(生活騒音)の目安

音の大きさ			
風呂または、給排水管	**約 57〜75 デシベル**	犬の鳴き声	**約 90〜100 デシベル**
洗濯機	**約 64〜72 デシベル**	子どもの駆け足	**約 50〜66 デシベル**
目覚まし時計	**約 64〜75 デシベル**	布団をたたく音	**約 65〜70 デシベル**
ピアノ	**約 80〜90 デシベル**	人の話し声(通常)	**約 50〜61 デシベル**
テレビ	**約 57〜72 デシベル**	人の話し声(大声)	**約 88〜99 デシベル**

をするのも気が引けるはずです。

さらに、音というのは人によって感じ方に差があるため、これが騒音トラブルを難しくしています。

「このぐらいの音なら我慢してください」と言われるなど、騒音の立証は極めて難しいです。そのため長期化することが多いのです。

このように、なかなか解決できない騒音トラブル。これから購入を検討する皆さんは、現地見学をする際に、騒音トラブルが「過去・現在」において起こっていないか、起こっている場合は、具体的に「どんな音か」「何時ぐらいに起こっているのか」を必ず確認しておきましょう。

Valuable Secondhand condominium

09 ペット飼育とマンション購入は関係ある？

今や家族同然ともいえるペット。日本の全世帯のうち14・16％（約790万世帯）が犬を飼育し、9・93％（約554万世帯）が猫を飼育しています。

また、「今後も犬猫を飼いたい」「今後は飼いたい」という飼育意向率は、犬23・1％、猫16・9％（いずれも平成28年ペットフード協会調べ）と、現在の世帯飼育率より高い数字となっています。

実際、家族としてペットと一緒に住めるマンションを希望する人たちが増加しており、最近では、「ペット共生住宅」と銘打って、ペットと暮らすことが出来るマンションも数多く登場しています。

高経年のマンションでは、いまだペット禁止としているところが多いですが、築10年ほどのマンションのほとんどは、ペット飼育を認めています。ペット飼育を希望する方は、まず築年数を目安に探してみると無駄が省けます。

Valuable Secondhand condominium

10 「ペット禁止」のマンションを買いたい場合は？

まずは、管理規約と使用細則などでペット飼育について確認しましょう。高経年マンションにおいては「ペット禁止」というところが多いのですが、これらマンションの「ペット飼育に関するルール」は、変更されることがある、という点は覚えておきましょう。

ペット飼育のルールは一般的に、「**組合員全員へのアンケート→ペットを飼いたい人やペットを飼うことに抵抗のない人が半分以上いる→必要に応じて説明会→総会の承認**」という流れで、ルールを変更することができます。

管理規約なら総会決議で区分所有者と議決権の各4分の3の賛成、使用細則なら過半数の賛成で見直すことができます。そのため、購入時は「ペット禁止」のマンションだったのにもかかわらず、途中から「ペット可」に変わる可能性もある、ということです。

管理規約は、マンションの住民同士が快適に暮らすために決めたルールです。もし、現状にそぐわないものになっていたら、どんどん変更される可能性があることを覚えておき

ましょう。

たとえば、新たに決められた「ペット可」のルールが不動産会社に伝わっていない場合、「ペット禁止」として売られている場合もあります。

マンションの管理組合、管理会社と不動産会社との伝達ミスで、トラブルに巻き込まれるケースもあります。

特に、自主管理の場合、不動産会社から依頼された管理状況に関する重要項目にしっかりと記載できていないことがトラブルの原因としてあげられます。

Valuable Secondhand condominium

11 ペットにまつわるトラブルには、どのようなものがあるか？

ペット禁止のマンションを購入し、無事に入居した町田信之さん（仮名）のお話です。

「動物の毛にアレルギーがあるので、わざわざペット禁止のマンションを選んで購入しました。入居後1年ほどして、犬の鳴き声が聞こえてくるようになりました。下の階の一人暮らしのお年寄りが、無断で小型犬を飼い始めたのです。厳密にいえば、ペット禁止のマンションで犬を飼うのは明らかにマンションの管理規約（ルール）違反ですから、管理組合として退去を命じることもできたのですが、結局は『その犬一代に限って認める』ということに。これから成り行き任せで『ペット飼育可』になるのではないかと、不安です」

また、裁判に発展したケースもあります。

販売会社が、同じマンションをAさんには「ペット禁止」として、Bさんには「ペット飼育可」として販売したことが問題になりました。Bさんは、販売会社が用意した「管理規約案」に、ペット飼育禁止の項目がなかったため、飼育可能と認識したといいます。

実際にはこの時点の管理組合設立の総会において、ペット飼育禁止が決議されており、その後の通常総会で「現在飼育している一代限りのみ許可する」と決定されていました。

そのため、長期間にわたりペットを飼う前提で購入したBさんは、入居時に飼育していた犬が入居後死んでも、新たな犬を飼うことができずペットの飼育を断念しました。

Aさんはペット禁止のはずのマンションをその後の購入者にペット飼育可として販売した会社を不法行為とし、Bさんは「将来ペット飼育が不可になる可能性の説明を怠った」として、販売会社に対して損害賠償を起こしました。

判決は、Aさん、Bさんそれぞれが、販売会社から10万円、70万円の慰謝料を受け取ることになりました。

ペットを飼う際の留意点を知っておこう

中古マンションの購入希望者が、ペットと暮らすことが希望条件である場合、「ペット飼育の可否」は、契約をするかどうかの判断に重要な影響を及ぼします。

そのため、仲介をする不動産会社は一定の調査を行い、確認の上、説明をすることが義務付けられています。これに違反すると不法行為が成立します。

とはいえ、実際に次のような留意点があることは覚えておきましょう。

〈留意点〉

1. 管理規約の変更で「ペット飼育可」が「禁止」（逆も然り）になる。使用細則の変更で飼いたいペットが飼えないなど、ルールが厳しくなることがある。

2. ペットをエレベーターや廊下で歩かせている、フンの始末をしない、一住戸でたくさん飼っている、そもそも飼ってはいけないペットを飼っているなど、管理規約・使用細則（ルール）違反の住民がいつ現れるかわからない。

3. 不動産会社の調査が甘く、正確な情報が得られない可能性がある。

Valuable Secondhand condominium

12 ペットの可否や飼えるペット、飼い方は「管理規約」「使用細則」で確認する

購入を検討するマンションで、ペット飼育が可能か否かは、不動産会社に聞くのはもとより、最新の管理規約や使用細則を必ず読んで確認しましょう。

ペット飼育を認めるマンションでは、「管理規約」のみならず、飼い方のルールとして「使用細則」に次のような記載があります。

・飼育できるペットの種類、大きさ……たとえば、犬・猫、観賞用の小鳥や魚など。大型犬はダメ、体長50㎝以内ならＯＫなどの具体的な基準。

・ペットの数……１世帯あたり２匹までのように、飼育できる頭数。

・ペットが出入りできるエリア……ペットを連れて出入りするときは裏口を使う、廊下や階段などは抱きかかえるかカゴに入れる、専用エレベーター以外は立ち入らないなど。

・飼い方のマナー……抜け毛が広がらないように、共用部分ではペットを抱きかかえ、毛

づくろいをしない、排泄物の放置は禁止するなどの決まり。

「ペット飼育届」があるか確認する

ペットを飼うにしても飼わないにしても、管理がきちんとなされているかは、快適なマンションライフを送る上で必要不可欠です。

築浅のマンションであれば、ペット可の物件が多いため「ペット禁止」をマンション選びの条件にすると、選択肢が狭くなってしまうという現実的な問題もあります。

管理がきちんとされているかは、ペット飼育細則に基づいた「飼育届」の提出が義務付けられているかどうか、ペットクラブなどがあるかどうかで、ある程度わかります。

「**飼育届**」は、ペットを飼い始めたときとペットが死んだときに提出させるところ、1年に1回など定期的な提出が義務づけられているところがあります。このように飼育届を提出させることで、飼育細則で定めたルールにそぐわないペットの存在がわかりますし、抜け毛やフンの放置などトラブルが起こったとき、原因となったペットを見つける手間も省けます。

図表20 ペットクラブのステッカー

ペットを飼う際のマナーやルールを住民が認識しやすいため、飼う・飼わないにかかわらず、住民間のトラブルも減ります。

また、マンションの現地見学に行った際には、図表20のようなステッカーやシールが玄関などに貼られていないか、確認をしましょう。このようなシールが貼ってあるということは、そのマンションに「ペットクラブ」があるという印です。

ペットを飼う世帯が多い場合、管理組合がリードし、飼い主同士が資金を出し合って、ペットクラブを設立することがあります。

ペットを飼っている住戸の玄関に「ペットシール」を貼ったり、なかにはトリミングルームの設置、エレベーター内にペットが乗っていることがわかる表示ランプを付けるなどの対策を打ち出したケースもあります。

このようなマンションの場合、飼い主のマナーもよく、トラブルがあってもペットクラブにすぐに報告がいき解決されるなど、ペット嫌いの人も納得できるようなルールが作られている可能性が高いといえます。

現地見学の際には、まずは管理規約やペット飼育細則などで「ペット飼育可」なのか「禁止」なのかを確認しましょう。管理規約や飼育細則は、不動産会社から事前に写しが提供されることもあります。

また、エントランスや掲示板、エレベーター内などにペットに関する注意文がないか、郵便ポストや玄関の表札横などにペットクラブのシールがあるかも確認しておきましょう。掲示されている注意文から、どのようなペットトラブルがそのマンションで起こっているかがわかります。

また、廊下などですれ違った住民がペットを連れていた場合、抱きかかえるなどのマナーが守られているかも見ると良いでしょう。

さらに、不動産会社や管理員（管理会社）にペット飼育をする際の手続きや、ペット飼育のトラブルなどはないかを聞くとペットトラブルに巻き込まれる可能性が低くなります。

図表21 ペット飼育は可か禁止かを確認する

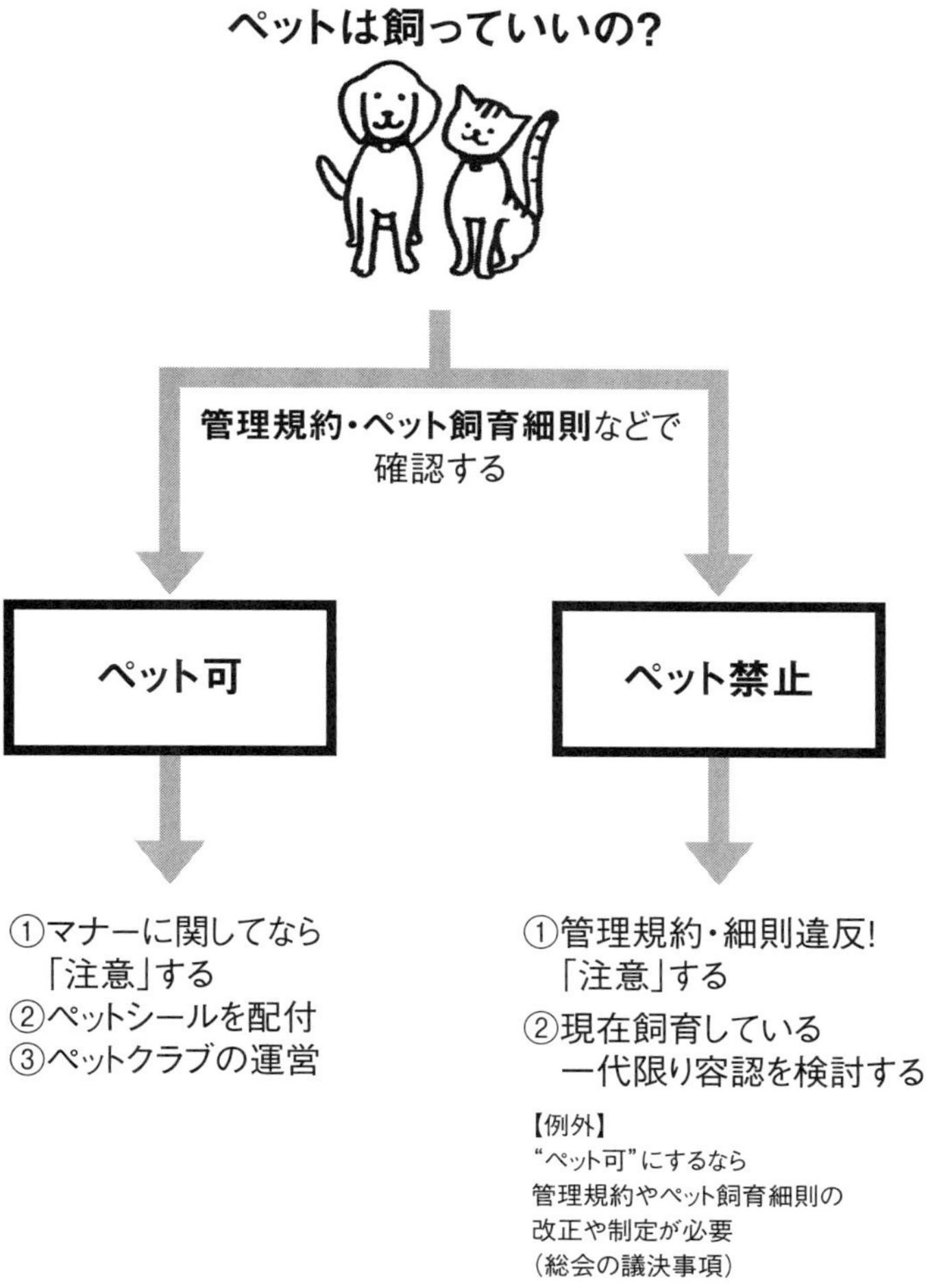
ペットは飼っていいの?
管理規約・ペット飼育細則などで確認する
ペット可
ペット禁止
①マナーに関してなら「注意」する
②ペットシールを配付
③ペットクラブの運営
①管理規約・細則違反! 「注意」する
②現在飼育している一代限り容認を検討する
【例外】
"ペット可"にするなら
管理規約やペット飼育細則の
改正や制定が必要
(総会の議決事項)

Valuable Secondhand condominium

13 マンションを上階から下階まで見る「掲示板はマンションの情報庫」

現地見学の際には、見学予定のお部屋だけではなく、上階から下階までしっかりと見ることをおすすめします。

もし廊下などの共用部分に、プランター、灯油のポリタンク、自転車、傘などが目につく場合、災害時の避難経路や消火活動の妨げになる可能性があります。ベランダでの喫煙も、防火上望ましい行為ではありません。

また、マンションの外から見て、バルコニーにBSアンテナや物置がある場合、禁止にもかかわらず布団などを干している住戸がある場合は、マナー違反の住民がいて、管理組合があまり機能していない可能性があります。

これらトラブルについて掲示板などに貼り紙や、管理規約の禁止事項にあるかを確認しましょう。なお、掲示板で注意喚起されていることは、そのマンションで起こっているトラブルの映し鏡ともいえます。

Valuable Secondhand condominium

14 粗大ゴミの放置があるマンションは避ける

現地見学に行った際に、必ずゴミ置場や裏口、中庭などを一周しましょう。

ゴミ置場にはゴミの収集日やルールが掲示され、不燃ゴミや資源ゴミなどのコーナー、分別ケースがあるかなど、ゴミ置場の環境が整えられているかどうかを確認します。

また、「いつもきれいにお使いいただき、ありがとうございます」など、使う側が自然に「きれいに使わなきゃ」と思うような文面での注意喚起など、外部の人にもマンションの品位を疑われないような配慮がある物件はおすすめです。

外部にあるゴミ置場なら、カラスや猫よけ対策があるかも確認します。

もしゴミ置場のゴミが散乱している、ゴミ置場や館内に古い家具や壊れた電子レンジ、パンクした埃だらけの自転車などがゴミ処理券が貼られず山積みになっている場合、ゴミ捨てのルールを守らない住民が住んでいるということになります。

また、掲示板などに住民のゴミに対する意識を高めるため、ゴミ出しに関するルールを地方自治体のホームページなどからダウンロードしたものが貼りだされているかも確認しましょう。

その際、エレベーターの操作盤近くなど、誰もが目を留める場所に掲示がある、また紙の表面にフィルムを貼る「ラミネート加工」が施されているなどは、管理が行き届いている証拠となります。

さらに、管理員に引っ越しする際のルールやゴミ出しについて質問してみるのも一つの方法です。ゴミの出し方をきちんと説明してくれたなら、ルールが明確で徹底されているマンションと判断できます。

ゴミ出しは、日常生活に最も影響のある項目の一つです。24時間ゴミ出しが可能か、決められた曜日、時間のみかなどルールをよく確認しておきましょう。

第7章

値引き交渉を成功させる6つのポイント

Valuable Secondhand condominium

01 中古マンションの価格は、値引き交渉できる？

これまで日本では、新築マンションを購入する方が多く、売れ残りなどを除いて価格交渉はできないと思われていました。

しかし**中古マンションの価格に定価はなく、相場価格を参考にしながら売主が決定**しています。

不動産会社は売主に、相場をもとに査定価格の提示などを行いますが、最終的に決定しているのは売主です。

そのため、個別要因が大きく関係します。

売主は個人が多い中古市場を考えると、値下げ交渉ができる可能性は大きいといえます。

もし立地や間取り、広さなど希望どおりの中古マンションが見つかったにもかかわらず、予算がオーバーしているのであれば、値引き交渉してみるのもいいでしょう。

しかし売主の状況を把握しながら、慎重に交渉する必要があります。

交渉の際のポイントを見ていきます。

売主は法人か個人か

売主が法人の場合は、購入代金とリフォーム代金、税金などの諸費用（仕入れ費用）を計算しながら、売買希望価格を決定していることが多いです。そのため、値引き交渉に応じてくれる可能性は低いでしょう。

ただし、売りに出してから長期間経過（目安として3カ月以上）している場合は、たとえ原価でも売って現金化したいため、値引き交渉（処分価格）に応じてくれる可能性もあります。

売主が個人の場合は、売主の懐具合や時間的な余裕によって変わります。

もし**相続や住み替えなどで余裕がない場合は、できるだけ早く購入者を見つけようと必死（いわゆる売り急ぎ）なため、値引き交渉に応じてくれる可能性が高い**でしょう。

いっぽうで余裕がある場合は、希望価格で購入してくれる方をじっくりと待っているので値引き交渉は難しいといえます。

Valuable Secondhand condominium

02

値引き交渉の準備
「物件の周辺相場を把握する」

値引き交渉する場合は、相場価格（いわゆる価格のモノサシ）を知らないと交渉ができません。

もし相場より大幅に高い場合は、リノベーション済でその費用が上乗せされている、今後、再開発や新駅ができるため強気の設定である、あらかじめ値引きを見越した価格設定、などの理由があげられます。

「100万円の値引きに成功したのですが……」と表情を曇らせる三田さん。話を聞くと、そもそもの物件価格が高く設定されており、ちっともお得でなかったことが契約後わかったと言います。このように、値引きにつられて、実際の資産価値よりも高い値段でつかんでしまうこともあるのです。売主側の思惑に乗せられてしまうこともあるため、値引き交渉には慎重さが欠かせません。

物件価格が資産価値に対して妥当なのかを見極める

いっぽう、売り急ぎ以外で相場より安すぎる場合は、なかなか買い手がつかず値下げを繰り返している、実は事故物件など「訳あり」の可能性もあります。

周辺相場を把握するため、不動産会社に聞いたり、日常的に不動産チラシや物件情報サイト（SUUMOやホームズ、アットホームなど）を閲覧しておきましょう。

もし**物件情報サイトに複数の不動産会社名で掲載されている物件があれば、売主がより良い条件で売りたいと露出を増やしているだけでなく、長期間売れず焦っている、売り急いでいる**ということも考えられます。

中古マンションを購入する極意は、「**資産価値の高いものをいかに安く買うか**」です。

値引き交渉する際は相場をよく把握したうえで、物件価格が資産価値に対して妥当なのかをしっかりと見極めることが重要です。

値引きよりも重要なのは、物件の「正しい資産価値」を見極め、その価値の価格以下、もしくは自分の予算内で手に入れることです。

Valuable Secondhand condominium

03

値引き交渉の準備
「物件の状況をよく確認する」

気に入った物件が見つかったら、現地見学やオープンルームなどを利用して内装や設備などの物件状況をよく確認しましょう。

朝と夕方など時間帯を変えたり、複数回見てみたりすると良いでしょう。

また、今までリフォームなどをしたことがあるか、している場合はどのような内容だったかを、不動産会社に必ず聞いておきましょう。

もし設備や配管などの不具合、防音性能への懸念があり、購入後すぐにリフォームをする必要があるのなら、その分、値引きできないか交渉する余地があります。

Valuable Secondhand condominium

04 値引き交渉の準備「売主の状況を把握する」

売主がなぜ売却をするのか、住宅ローン残高はあるのか、どのような事情があるのかなどの理由がわかると、より有利に値引き交渉をすすめることができます。

またいつから売りに出ているのか、現在の価格は相場と比較して高いのか安いのかを、不動産会社に聞いてみましょう。

このように**売主の状況をよく把握してから、交渉するのが値引き交渉を成功させるポイント**です。もし売り出しから時間が経っている場合は、値引き交渉できる可能性が高く、売り急ぎの場合は、好条件で物件を購入するチャンスといえます。

一般的に売り出しから3カ月以上が目安。売主は3カ月ごとに不動産会社と媒介契約をしていることが多いので、**3カ月目、6カ月目などの節目も狙い目**です。

この頃の売主は、不動産会社から「価格を見直しましょう」と提案されていることも多く、値引き交渉がしやすい時期といえます。

Valuable Secondhand condominium

05 値引き交渉は不動産会社を通す

値引き交渉は、売主と買主は直接交渉せず、不動産会社が仲立ちすることがほとんどです。不動産会社に購入希望金額を伝え（購入申込書などを記入することも）、売主に伝えてもらい、返答を待ちます。

双方に金額の開きがあった場合は、再度交渉し、売主はいくらで売りたい、買主はいくらで買いたいというのが一致したところで価格が決定します。

もし買主の希望通りの価格ではなくても、値引き交渉による双方の歩み寄りによって当初の価格設定よりも安くなることもあります。

そのため、**中古マンション（特定する中古マンションがあればそのマンション）の売買に実績のある不動産会社で、自分にあう信頼できる担当者を選ぶことが重要**です。

しかし、不動産会社の仲介手数料は売買価格に応じて決まり、値下げすると手数料も減るので、そもそも値下げ交渉に応じてくれないこともあります。

いっぽうで現地案内をしてくれた担当者が、売主からその物件を預かっている（媒介契約をしている）場合、売主から「値引き交渉があった場合は、このぐらいまでなら下げていい」と事前に話が通っていることもあるのです。

値引きの相場はどれくらい

たとえば、３９８０万円の場合、端数分を落とし３９００万円（この場合80万円の値引き）、設備の不具合の修繕やリフォームなどが必要な場合は、その費用相当分の値引き、一般的に**物件価格のおおよそ3〜5％程度が値引き相場**とされています。

また、不動産会社が仲介手数料を値引いてくれることもあります。

たとえば、既に取引のある方からの紹介であったり、売主から専任媒介契約を受けており、契約が成立すれば、売主買主の双方から手数料がもらえるような場合（いわゆる両手）は、その可能性があります。

売主と不動産会社からの信用を高めよう

現地見学後などに不動産会社から売主に、購入希望者はどのような人物かといった情報が行くようになっています。言うまでもないことですが、現地見学時には横柄な態度は避け、くれぐれも節度のある言動をしましょう。特に居住中の物件はより配慮が必要です。

また、値引き交渉は不動産会社にとってもリスクがある、ということは買主である私たちも覚えておきましょう。

たとえば、無理な条件交渉をのみ込んでもらったにもかかわらず、買主の都合で契約がキャンセルになったりすると、不動産会社は売主に不信感をもたれてしまいます。「あの不動産会社が連れてくる買主には売りたくない」というわけです。買主としても、無謀すぎる要望や価格交渉、あいまいな態度をとるようなことは、しない方が無難です。こういったことを繰り返していれば、冷やかし客と思われ、不動産会社があなたの味方になってくれることはありません。

また、住宅ローンの事前審査を済ませておくと、本審査があるとはいえ、売主の安心感にもつながります。買主の購入意思が確認できるだけでなく、審査時間も短縮できるためです。一般的にローン審査は、事前審査に3日〜1週間、本審査に1〜2週間程度かかります（177ページ参照）。

Valuable Secondhand condominium

06 値引き交渉は、6月、7月、12月がおすすめ

値引き交渉する際は、説得力のある言い方（不動産会社から売主への伝え方）がポイントです。

たとえば「ぜひ購入したいのですが、予算が少しオーバーしているので、端数だけでも値引きしてもらえるよう交渉をお願いできませんか」などです。

退去後間もないのなら、「ぜひ購入したいです。こちらで清掃や残留物の処理、リフォームをするので、その分の値引きをお願いできませんか」など、伝え方を工夫しましょう。

また、「値下げに応じてくれるなら、今月中に契約をします」などと条件をつけると、より値引き交渉に応じてもらいやすくなります。マンション（在庫）を長く所有しておける売主は少ないので、売主が納得できる契約や、引き渡し時期などに対応できる買主であれば、値引き交渉に応じてくれる可能性が高いのです。

春と秋は競争率が高いので値引きは難しい

中古マンションの価格は、不動産価格変動の周期や消費税の増税など、経済的・社会的要因がつくる相場価格や個別要因だけでなく、実は「時期的要因」も大きく関係しています。

入学・進学や人事異動など、人が動く春や秋などは、物件も多く売りにでるため選択肢も多いのですが、購入したい方も多いので競争率が高く値下げ交渉が難しい可能性があります。

また、空室ではなく、居住中での判断や即決を迫られることもあります。

いっぽうで夏や冬など、人があまり動かない時期となると、競争率が低くなり、値下げ交渉に応じてくれる可能性が高くなります。

6～7月など、1年で人が一番動く春を逃してしまった（売れなかった、売りに出したのが遅かった）物件はチャンスです。

また、12月の交渉もおすすめです。

日本人特有の感覚かもしれませんが、「年内にすっきりさせたい」と考える所有者が多いため、値下げに応じてくれる可能性が高いのです。

中古マンションは、その部屋一つしかありません。

値引き交渉をしている間に、ほかの購入希望者が「満額で買う」といって購入を申し入れて、そちらで話が決まってしまうこともあります。

また、人気エリアの物件や、反響の大きい物件は、希望価格の購入者が現れるまで粘り強く待つ売主もいます。

このように、自分以外の購入希望者の存在も意識しながら判断する必要があります。

さらに売主の物件に対する思い入れや考え方、性格などもあるので、不動産会社の担当者とよく相談をしながら、一生に一度ともいえる買い物に後悔しないよう交渉に臨みましょう。

Column 05

管理会社の役割とは

日本の分譲マンションの約9割が管理会社に管理を委託しています。近年の高経年マンションの社会的問題によって、大規模修繕がマンションの資産価値を維持するうえで重要であることは、個々の組合員にも十分に認識されています。

マンションで計画修繕を円滑に実施するためには、管理組合の自発性だけではなく管理会社の企画・立案能力も大いに問われます。それは管理会社は日常の業務を通じて、建物や諸設備の劣化、老朽化の状況を常に把握できる立場にあり、その状況および改善策を管理組合に直接進言できるためです。

このように管理会社は、建物や設備の維持保全、コミュニティの健全な形成に関して、管理組合を補佐する立場として、コンサルタント的な使命を有しています。

そのため、管理組合の合意形成が円滑になるように「維持保全に基づく長期修繕計画案の作成」「長期修繕計画案に基づく資金計画案の作成」「建物の調査・劣化診断の実施（管理組合との契約に基づく）」「法律的な手続に関する助言」「修繕積立金の安全・効率的な運用方法」など実務面における適切な助言を行ってくれます。

管理会社は、デベロッパー系や独立系、ビルメンテナンス系など全国で約2000社あります。マンション管理新聞社調べ「2018年度版 総合管理受託戸数ランキング（管理会社に委託している管理組合のマンション戸数）」によると、上位から日本ハウズイング、大京アステージ、東急コミュニティー、三菱地所コミュニティ、長谷工コミュニティ、大和ライフネクスト、三井不動産レジデンシャルサービス、合人社計画研究所、住友不動産建物サービス、コミュニティワン、日本総合住生活と続きます。

マンションを選ぶ際には、どのような管理会社に委託されているかも、あわせてチェックしましょう。

第8章

住宅ローンとの賢い付き合い方

Valuable Secondhand condominium

01 購入とお金の流れを確認しよう

住宅とお金にまつわる話は、それこそ本が1冊できるほどの量になりますが、本書では中古マンションの購入に関して、必ずおさえておきたい部分に焦点を当ててお話をしていきます。まずは、中古マンション購入時のお金の流れを見ていきましょう。

購入したい物件が見つかったら、まずは「購入申込み（図表22③）」をします。

一般的に中古マンションの購入は先着順ですが、引き渡し時期や値引き交渉などがあり、売主の希望ではない場合、他の申込者が優先されるケースもあります。

またなかには、購入申込みの時に、「申込証拠金」を支払うケースもあります。購入する権利を優先的に確保するために支払うもので、最大10万円程度。購入する場合は手付金の一部となり、売買契約前にキャンセルした場合は全額返金されます。

その際、購入前提で申込みしているはずですが、万が一のキャンセル時の返金に備え、金額や支払日などが記載された「預かり証」を必ず受け取っておきましょう。

図表22 中古マンション購入までの流れ

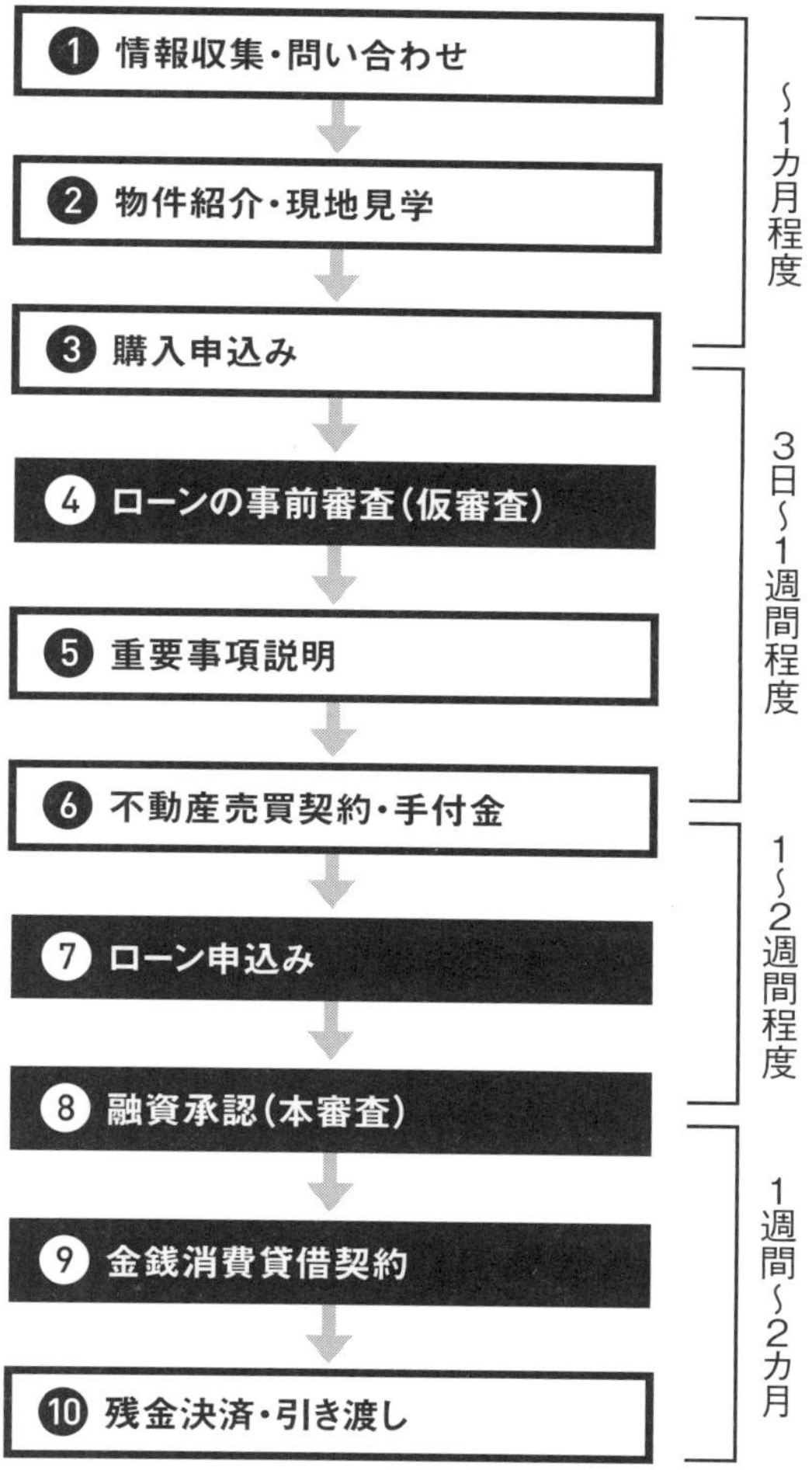

Valuable Secondhand condominium

02 手付金としていくら用意すればいい？

手付金とは、中古マンションの購入をはじめとした家や土地などの「不動産売買契約（図表22⑥）」を交わす際に、買主が売主に対して契約が成立したことを証明するために支払うお金です。

この額は売主と相談して決めることができますが、一般的に物件価格の5～10％程度が相場です。

たとえば、4000万円の物件なら、200万～400万円程度となります。

ただし不動産会社から50万～100万円など、具体的な金額を指示される場合もあります。最終的には申込証拠金とあわせて、頭金の一部となります。

この手付金には、「**解約手付**」「**証約手付**」「**違約手付**」の3種類があります。

中古マンションの売買契約にあたっては「**解約手付**」とされる場合がほとんどです。

解約手付とは、契約締結を証明する目的でかわされるものです。買主は売買契約時に支

図表23 手付金の金額の目安は?

売主	手付金の金額
不動産会社	●売買代金（物件価格）の20%を超える金額は設定できない
不動産会社以外	●上限の定めはない

払った手付金を放棄することで、売主は受取った手付金の倍額を返す（手付金倍返し）ことで、売買契約の解除をすることができます。なお、解約手付による契約の解除ができるのは、「相手方が履行に着手するまで」とされています。

さらに中古マンション（完成物件）で、不動産会社が売主の場合、手付金が売買代金の10％または1000万円を超えるときは、銀行や保証会社などによる保全措置が必要です。

万が一、売主の倒産などに備え、保全措置があるかどうかも重要事項説明書などで確認しておきましょう。保証措置がある場合は、保証証書などが発行されます。

Valuable Secondhand condominium

03 契約解除の場合、手付金はどうなる？「住宅ローン特約」とは？

中古マンション購入の際、多くの方が住宅ローンを組むかと思います。

中古マンションの購入では、売買契約締結の際に手付金の受け渡しが行われ、物件引き渡しの際に残金を支払うのが一般的です。

融資（住宅ローン）がスタートするのは、この物件引き渡しの段階です（図表22⑩）。その時に売主には残金が支払われることになるのです。

つまり、買主が住宅ローンを利用して購入する場合、金融機関からの融資の実行よりも先に、手付金の受け渡しが行われることになります。

売買契約を締結し、手付金を支払った段階で購入する意思があっても、万が一、住宅ローンの審査が通らなければ（本審査で落ちる図表22⑦⑧）、購入することができません。

このような買主都合の契約解除であっても、契約を白紙に戻し、売主に支払済みの手付金や仲介手数料などの全額が返還されるようにする保証が「**住宅ローン特約**」です。

これが適用されるためには、売買契約書の「住宅ローン条項」「ローン特約による解除」などの項に、「停止条件付き条項」が記載されている必要があります。

住宅ローンを利用することを必ず売主側に伝え、この条項が売買契約書に記載されているかどうかを確認しましょう。

また、**親からの支援や自己資金のみで購入や住み替えを予定していたとしても、万が一住宅ローンが必要になった場合に備えて、住宅ローン特約はあった方が無難**です。

住宅ローン特約は、買主を保護するのが目的のため、買主にとっては好条件ですが、売主にとってはせっかくの契約がご破算になるリスクがあります。

住宅ローンの審査期間から金融機関との「金銭消費貸借契約」までは約1カ月程度です（図表22⑨）。この期間は買主にとってもヒヤヒヤしますが、売主にとっては住宅ローン特約の適用期間は他社への販売ができず、売主側から解約したら、違約金が発生する不安定な時期といえます。

また、売買契約が成立した時点（図表22⑥）で、すぐに引っ越し日時や業者の決定、住んでいるところの退去や住み替えに伴う手続きを進め、もし本審査に通らなかった場合、引っ越し業者へのキャンセル料や、住み替え先の手続きに伴う費用が無駄になる可能性があります。事前審査（仮審査）の結果（図表22④）を鵜呑みにせず、できれば住宅ローンの本審査が正式に通った（図表22⑧）後に手続きを行うようにしましょう。

事前審査が通れば、概ね本審査も通るとされていますが、事前審査は売買契約書などの詳細な書類を必要とせず、失敗している事例も多く存在します。

手付金の返金に関わる三大トラブル

中古マンションの場合、「気に入った物件がすぐ売れてしまうのではないか」と焦るお気持ちもわかります。特に、以前気に入った物件を買い逃しているような場合はなおさらです。

しかし、このような心理状態の時こそ、慎重に対応しましょう。手付金の返金に関わるトラブルで多いのは、次のような場合です。

図表24 購入時にかかるお金と購入後にかかるお金をチェック!

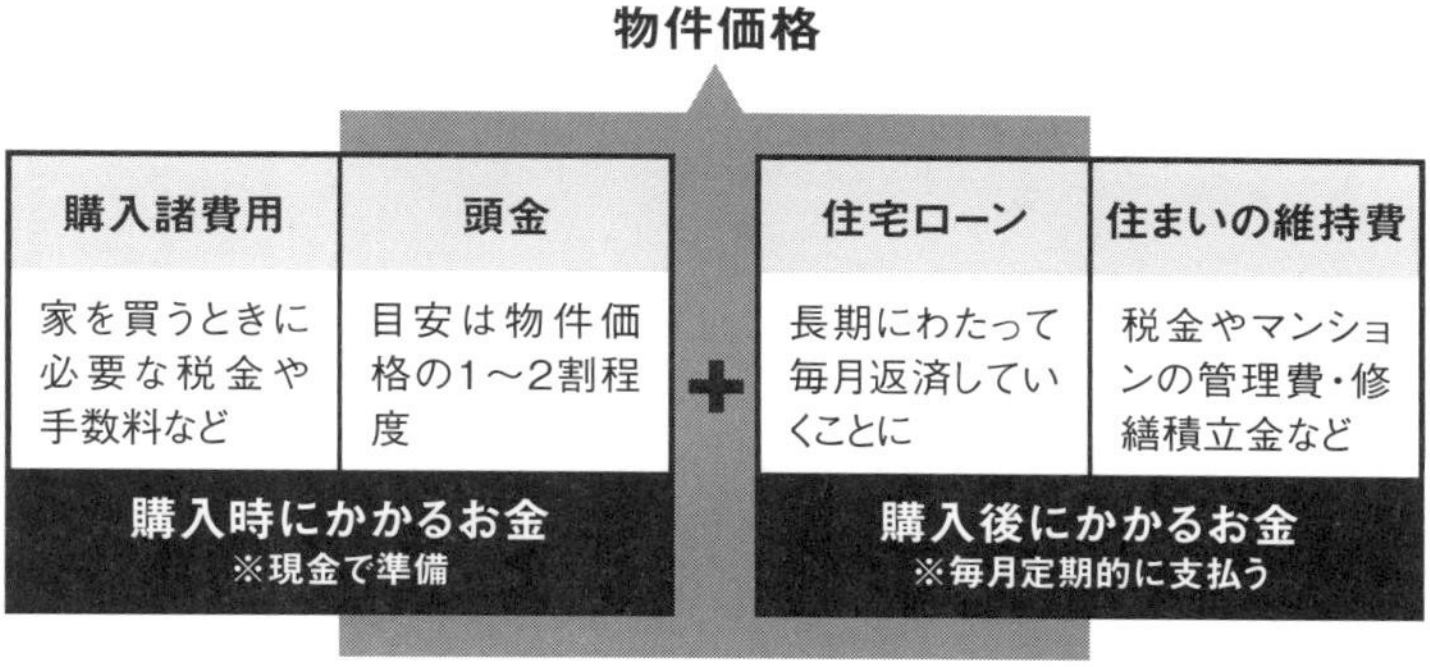

出所：SUUMO「必要なお金の全体図」より　https://suumo.jp/article/jukatsu/konyu/kaerugaku/357/

・住宅ローンの事前審査（仮審査）を受けていない

・手付金の性質を理解しないまま急いで契約

・住宅ローン特約に関する認識の違い

契約内容と解約手付の内容をしっかりと理解していないと、手付金の返金に関するトラブルに巻き込まれてしまうこともあります。

手付金は、物件購入の頭金としての性質以上に、契約解除時の決まりごとを履行するために扱われる「解約手付」としての性質がある点に注意が必要です。

Valuable Secondhand condominium

04 住宅ローンと他のローンとの関係は？

気に入った中古マンションを購入するためには、住宅ローン審査で失敗しないということがとても重要です。

ここでは審査に通るためのコツや、うっかりはまる人の多い住宅ローン審査の落とし穴を見ていきましょう。

家族が増えたので数年前に車を購入し自動車ローンを組んでいるなど、住宅ローンと他のローンとの関係が問題になることがあります。

たとえば、自動車ローンが残っている場合、住宅ローンの審査にどのような影響があるのでしょうか？

結論からいうと、住宅ローンを借りる前に自動車ローンをはじめとした他の借入れがあると、住宅ローン審査に影響します。すでに借入れている分、住宅ローンで借りられる額は少なくなりますから、希望するマンションを購入できない可能性があります。

どの程度、住宅ローンの借入可能額が減るかは、金融機関によって異なります。たとえば、住宅ローン3000万円を借りたい場合、自動車のローンが残っていると2000万円までしか借りられないということも考えられます。1000万円の差は大きいはずです。

これは「住宅ローン＋自動車ローン」の2つで計算すると、「返済負担率」を超えてしまうためです。返済負担率は一般的に「35％以内」としている金融機関が多いのですが、中には20％以内や45％以内とする金融機関もあるため、この設定によって借りやすさの違いが生じます。

「返済負担率」

（住宅ローン年間返済額）÷（税込年収）×100＝ 返済負担率（％）

自動車ローンがある場合は、金融機関では次のように計算します。

（住宅ローン年間返済額＋自動車ローンの年間返済額）÷（税込年収）×100＝返済負担率（％）

返済負担率の計算には、あくまで「自動車ローンの年間返済額がいくらか？」ということが考慮されます。したがって、自動車ローンの残高が１００万円でも５００万円でも年間50万円返済しているなら、住宅ローンの借入額に与える影響は同じになります。

つまり35年間という長期間にわたる住宅ローンの毎月の返済額と、短期間かつ借入金額が少ない自動車ローンの毎月の返済額が、同じテーブルの上で取り扱われるのです。

そのため、借入総額が少ないにもかかわらず、自動車ローンが原因で住宅ローンの借入金額が１０００万円も減額されるということも起こり得ます。

住宅ローンを組む前にはできるだけ、その他のローンは完済しておく方が望ましいのはこのためです。

逆に、住宅ローンがあることによる、自動車ローンや教育ローン、リフォームローンの審査への影響は小さそうです。

なかには申込書に住宅ローンの借入額を記入する欄がなかったり、住宅ローンを借りている金融機関でリフォームローンを借りる場合は、住宅ローン返済の遅延がないなどの条件を満たせば、借入利率が優遇される、などの措置もあります。

Valuable Secondhand condominium

05 住宅ローン審査を通りやすくするための注意点

「そんなことが、住宅ローン審査にひっかかるなんて！」

住宅ローン審査の落とし穴には、いったいどのようなものがあるのでしょうか？

まずは、**クレジットカードのキャッシング枠**です。

これが設定されている場合、実際に利用していなくても「いつでも借入れできる」と判断され、その一定割合が返済負担率の審査に加えられることがあります。

銀行系のカードローンも、住宅ローンの審査においては、消費者金融、クレジットカードのキャッシング利用と同じように扱われる場合があります。

「繰り返しお金を借りる習慣がある」と判断されたり、利用枠を残している場合は「将来また借りる」と判断されるケースも。もし**過去に支払いの延滞やリボ払いの買い物、キャッシングの利用回数が多い**などということがあると、**住宅ローン審査が厳しくなる**可能性があります。

審査での心象が悪くなるため、普段からこのようなことは極力控えるようにしましょう。

なお、最近の銀行、コンビニのポイントカードなどは、クレジット機能の付いたものが多く、意識しないまま多数のクレジット会社と契約していることもあります。できれば必要なカードを2枚程度に絞って、他のカードはできるだけ早めに解約しましょう。

また、銀行口座の**自動貸付機能**にも注意が必要です。

たとえば、水道光熱費などの公共料金が銀行口座から自動引落しになっていると、口座残高が不足している場合、自動貸付されていることがあります。これが「借入れ」とされ、住宅ローンの審査に影響を及ぼすことがあるのです。

さらに、妻や子どもなど、家族の利用料金を夫の口座からまとめて支払うような場合、すべてが合算されて審査の対象となることもあります。

また、夫の収入だけでは基準に足りず、妻の収入も合算して住宅ローンを申込む場合は、妻についても同様な審査対象となるので対策が必要です。

また、意外な落とし穴が携帯電話やスマホ、タブレットの端末代金です。

皆さんの中にも、携帯電話の機種代を「クレジットカードで2年間の分割払い」などとしている方は多いと思います。これは「クレジット契約」として、個人信用情報機関に登録されています。もし携帯電話料金の未払い、または延滞が生じると、同時にクレジット契約においても未払いまたは延滞となって記録されます。

そのため、住宅ローンの申込み時に「他社の借入れ」の自己申告でこれを失念すると、「虚偽申告」あるいは「事実との相違」とみなされ、住宅ローンの否認や減額回答につながることがあります。

その他にも、**税金（所得税など）の未納、過払い利息の減額請求**を行っているなども、不利になることがあります。また、購入希望の物件が定期借地権や自主管理、なかには本人には問題がなく売主側の問題、買主の子どもの人数などで通らないこともあります。

ただし、審査で重要視している項目は金融機関によって異なるので、同じ条件にもかかわらず承認されたり否認されたり、といったことが起きます。

また、否認されたときに理由が申込者に開示されることはないため、実際にどのような審査が行われているのか、はっきりわからない面も多いのです。

できる限り**不安な要素は排除してから、住宅ローン審査に臨むのが賢明**です。

Valuable Secondhand condominium

06 住宅ローンとリフォームローンは併用できる？

新築とは違って、中古マンションの購入の際に、リフォームローンを同時に組む方もいます。リフォームローンについても確認しておきましょう。

リフォームローンには、有担保である住宅ローンと無担保のリフォームローンがあります。

この有担保とは、抵当権（担保権）の設定のことです。

一般的には有担保である住宅ローンと一緒に借入れした方が金利は低くなります。

また、住宅ローン借入れ後に、さらにリフォーム費用として有担保の住宅ローンを借入れる場合は、既存の住宅ローン返済に加えて、リフォーム費用の借入れの余力があるかどうかが審査されます。

住宅ローンを借り入れている銀行から借りれば、既に抵当権の設定をしているため少し手間は省けるものの、もし他行での借入れを希望する場合は、従来の住宅ローンもあわせての借り換えとなり、さらに手間と費用がかかることになります。

そのため、少額のリフォームであれば、無担保のリフォームローンの方が抵当権の設定もなく手間がかからないのですが一般的に返済期間が短く、最長でも15年程度となります。

たとえば500万円を金利4・5％（変動金利型を想定）、15年返済で借入れると、毎月の返済額は約2・8万円、住宅ローンの返済とあわせると負担は重くなります。住宅ローンとあわせて借入れができれば、同じ500万円のリフォーム代も30年返済、金利1％（変動金利型を想定）、毎月約1・6万円となり、できれば住宅ローンとして借入れした方が、資金計画が立てやすくなります。

物件購入とリフォームをあわせたしっかりとした資金計画を

住宅ローンと一緒にリフォームローンを組むためには、事前審査時にリフォームの見積書を用意し、本審査までには、より詳細な見積もりを金融機関に提出する必要があります。

また、住宅ローンの金銭消費貸借契約締結時までには、リフォームの工事請負契約書も金融機関に提出する必要があるため、かなり慌ただしいなかでの対応になることが考えられます。

また、半官半民の全期間固定金利の住宅ローンである「フラット35」の「リフォーム一体型」では、ローンを申し込む際にリフォームなどの工事金額の提示を求められます。

中古マンションの購入とリフォームを同時に検討している場合は、物件購入とリフォームをあわせたよりしっかりとした資金計画とスケジュールを立てる必要があります。

さらに、入居数年後にリフォームを予定している場合も、おおよその予算や利用できるローンなど、無理な返済にならないよう購入時に考えておくと良いでしょう。

中古マンションの引渡しは、売主側の事情もあり日程を急かされることもあります。

しかし、物件が決まってから、住宅ローンやリフォームの有無について考えるとなると、引渡日についてはできるだけ余裕が持てるよう、相談したほうがいいはずです。

このように中古マンションの購入とあわせてリフォームを検討している場合は、まずリフォーム費用を自己資金で現金払いとするのか、ローンを検討しているのか、いつまでにリフォームをするのかを明確にしておくことが重要です。

Valuable Secondhand condominium

07 新築と中古マンション購入時の諸費用のまとめ

一般的に物件購入時の諸費用は、新築で物件価額の3～5%、中古で物件価額の5～8%程度といわれています。

新築と中古マンション購入時の諸費用で大きく違うのは、新築では、修繕積立基金があることが多く、中古では不動産会社への仲介手数料がかかることです。

仲介手数料は、「(物件価格の3%＋6万円)×消費税」が上限となっています。この仲介手数料は、「成功報酬」なので、売買契約が成立して初めて発生します。契約締結時に50%、引き渡し完了時に残り50%など支払条件も確認しておきましょう。

また消費税は、新築マンションの場合は売買価格のうち建物価格についてかかりますが、中古マンションを個人の売主から購入する場合には、消費税はかかりません。

しかし、中古でも、売主が不動産会社などの場合は、同様に建物価格に対して消費税が課税されます。

図表25 諸費用がかかることも忘れずに!

	新築	中古
印紙税	●あり	●あり
登録免許税	●あり	●あり
消費税	●建物価格あり	●売主が個人はなし ●売主が不動産会社などは建物価格あり
住宅ローン諸経費	●あり	●あり
不動産会社への仲介手数料	●原則なし ●仲介物件ではあり	●あり
リフォーム等の費用	●なし ●オプションはあり	●する場合、あり ●しない場合、なし
修繕積立基金	●あり	●なし

金額に差が出るものとしては、上記のほかに、税金の軽減差、「フラット35」を利用する場合の適合証明書の交付手数料などがあります。

この適合証明書とは、建物が住宅金融支援機構の定める技術基準に適合しているか、検査機関または適合証明技術者へ物件調査の申請を行い合格することで交付されます。この手続き費用は検査機関で2万円台〜10万円程度といわれています。

ただし、新築時に住宅金融支援機構が定める維持管理や耐久性の基準に適合していることを確認した築10年以内の中古マンションなら、適合証明書の手続きを省略できます。

Valuable Secondhand condominium

08 住宅ローン減税とすまい給付金を活用しよう

住宅ローン減税（住宅借入金等特別控除）

住宅ローン減税とは、住宅ローンを借入れて、50㎡以上の専有面積がある住宅を取得する場合に、取得者の金利負担の軽減を図るための制度です。

毎年末の住宅ローン残高、または住宅の取得対価のうちいずれか少ない方の１％相当額が、10年間にわたり所得税から控除されます。なお、消費税率10％引き上げに伴い、10年間から最大13年間に延長する案が検討されています。

所得税から控除しきれない場合には、翌年度の住民税から控除されます（住宅の取得対価の計算においては「すまい給付金（197ページ）」の額は控除されます）。

新築住宅だけではなく中古住宅も対象となり、戻ってくる額については、新築や中古、売主が個人か法人かで違いがあります。

図表26 住宅ローン減税の控除額

	毎年末の住宅ローン残高上限	最大控除額
一般住宅	4,000万円	400万円
長期優良住宅 低炭素住宅	5,000万円	500万円

減税を受けるためには、次のような条件があります。

・自らが居住すること（転勤など一時的な非居住期間は適用不可。再入居による残存期間は適用あり）
・床面積が50㎡以上であること
・中古住宅の場合、耐震性能を有していること
・鉄筋コンクリート造、鉄骨鉄筋コンクリート造などでは、25年以内に建築された住宅であること
・25年以上の場合、耐震基準適合証明書などで現行の耐震基準に適合が確認できること

・借入金の償還期間が10年以上あること
・年収が3000万円以下であること（3000万円を超える年は利用できない）
・増改築などの場合、工事費が100万円以上であること

すまい給付金

すまい給付金は、消費税率引き上げによる住宅取得者の負担を軽減するために創設されました。消費税率8％時は収入額の目安が510万円以下の方を対象に最大30万円、10％時は収入額の目安が775万円以下の方を対象に最大50万円を給付する制度です。

・中古住宅（個人間売買は除く）も対象
・住宅ローン減税と併用可（それぞれ手続きは必要）
・住宅ローン利用者、50歳以上で現金購入された方も対象
・持ち分を共有していれば、配偶者も対象
・期間中一回のみ受取り可

図表27 すまい給付金の給付基礎額

消費税率8%時

収入額の目安	425万円以下	425万円超 475万円以下	475万円超 510万円以下
給付基礎額	30万円	20万円	10万円

消費税率10%時

収入額の目安	450万円以下	450万円超 525万円以下	525万円超 600万円以下	600万円超 675万円以下	675万円超 775万円以下
給付基礎額	50万円	40万円	30万円	20万円	10万円

出所：「すまい給付金」（国土交通省）

すまい給付金で気をつけたいのは、中古マンションの購入においては、**売主が宅地建物取引業者のみが対象**です。たとえば、個人所有の物件や宅建業登録をしていないリフォーム業者、社宅など利用していた法人が売主の場合は、給付対象外です。

申請は確定申告とは別の専用の申請書類で、全国の専用窓口か郵便局で行います。引渡しから1年3カ月以内と申請期限が決まっており、最終2021年12月までに引き渡しと入居した住宅が対象です。

計算方法は、次の通りです。

給付基礎額×持分割合＝給付額

Aさんご夫婦（消費税率8％）の場合　合計22・5万円の給付金がもらえる！
夫（年収450万円）　給付基礎額20万円×持分割合3／4＝給付額15万円
妻（専業主婦　年収なし）給付基礎額30万円×持分割合1／4＝給付額7・5万円
合計15万円＋7・5万円＝22・5万円

Aさんご夫婦（消費税率10％）の場合、合計50万円の給付金がもらえる！
夫（年収450万円）給付基礎額50万円×持分割合3／4＝給付額37・5万円
妻（専業主婦　年収なし）給付基礎額50万円×持分割合1／4＝給付額12・5万円

Valuable Secondhand condominium

09 贈与税の特例も知っておこう！

20歳以上の方が、親や祖父母から住宅取得資金やリフォーム費用として贈与を受けた場合、「住宅取得資金の非課税制度」が利用できます。

この非課税制度は、本来の「暦年課税制度110万円の基礎控除」、もしくは「相続時精算課税制度」と併用できるのが大きな特徴です。

そのため、一般住宅では暦年課税制度の選択で最大810万円、相続時精算課税制度の選択で最大3200万円までは贈与税がかかりません。

この非課税限度額は、個人から中古マンションを購入する場合と不動産会社などの法人から購入する場合で異なります。

また、相続時精算課税制度は、親から子供への贈与が対象で、祖父母から孫に贈与する際は原則使えません。なお、この贈与額は相続の際、遺産に加えられるので、将来の相続税も考慮して利用しましょう。

図表28 住宅取得資金贈与の非課税限度額

	消費税8%時	消費税10%時
一般住宅	700万円	2500万円
省エネ等住宅	1200万円	3000万円

〈贈与税非課税枠の計算方法〉

・暦年課税制度を選択
基礎控除額110万円＋住宅取得資金贈与の非課税限度額700万円（一般住宅の場合）＝最大810万円までの贈与税が非課税

・相続時精算課税制度を選択
特別控除額2500万円＋住宅取得資金贈与の非課税限度額700万円（一般住宅の場合）＝最大3200万円までの贈与税が非課税（贈与額が非課税枠を超えると一律20％で課税）

なお、消費税率10％の増税に伴い、一般住宅の非課税限度額が700万円から2500万円へと大幅に拡大されます。省エネ等住宅などでは、1200万円から3000万円へと拡大されます。

省エネ等住宅とは、省エネ等基準「断熱等性能等級4もしくは一次エネルギー消費量等級4以上であること」「耐震等級（構造躯体の倒壊等防止）2以上もしくは免震建築物であること」または「高齢者等配慮対策等級（専用部分）3以上であること」に適合し、一定の書類により証明された住宅をいいます。

つまり、暦年課税制度の選択では、最大3110万円、相続時精算課税制度の選択では、最大5500万円も非課税で生前贈与ができます。まとまった資金を贈与できるなら、2020年3月までに贈与を受け、消費税10％時に住宅を取得したほうがお得な可能性もあります。

Valuable Secondhand condominium

10 価格面と住宅ローン減税から見るおすすめの築年数は？

都心などは新築マンションの価格高騰によって、中古マンションの価格も上がっています。しかし、一般的に中古マンションの価格は築年数が古くなるにつれて安くなり、**築20年を過ぎると価格が安定する**といわれています。

さらに築20〜25年程度で中古マンションの価格は底値となり、立地や間取りといった条件が同じなら、新築のおよそ半値で購入できるといわれています。

既存の築古物件は、再開発や新駅、建替えなどを除けば新築や築浅に比べ、駅前の便利な立地や地盤のいいエリアにあるものが多いです。建物の価格は築年数に応じて価値がなくなっていきますが、土地の価格は関係ありません。

そのため、住み替えをする場合も値崩れの心配がないので、**価格面を重視するのであれば築20年以上の中古マンションはおすすめ**です。

図表29 中古マンションの築年帯別平均価格のちがい(2017年)

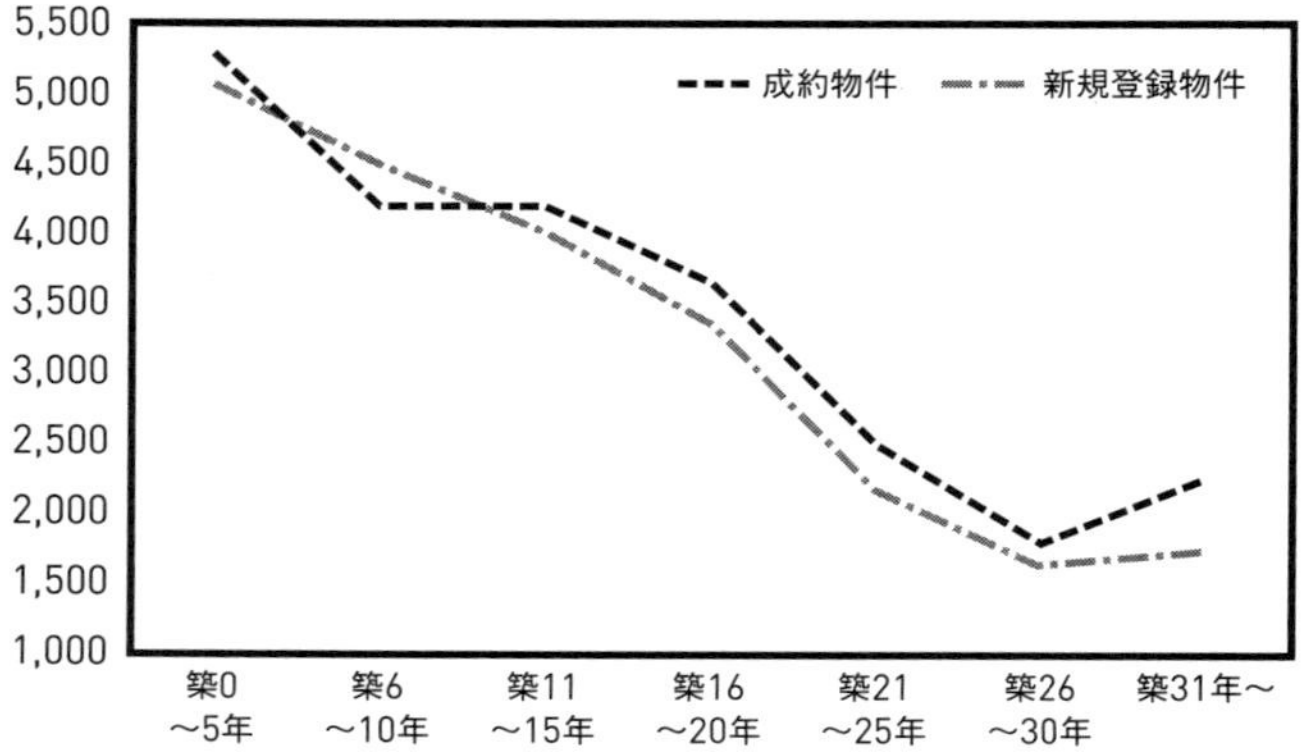

出所:公益財団法人 東日本不動産流通機構

ただし、住宅ローンを利用して中古マンションを購入する場合、築25年を超えると毎年住宅ローン減税が受けにくくなります。住宅ローン減税は、「築25年以内である」「築25年を超える場合、耐震基準適合証明または、既存住宅性能評価を受けている。既存住宅売買瑕疵保険に加入している」のいずれかの要件を満たす必要があります。この保険は引き渡しまでに加入しなければならず、証明書は引き渡し後の取得でも対象にはなりますが、引き渡し前に仮申請書を取得しておく必要があるなど、大変手間がかかります。住宅ローン減税を受けたいのであれば、築25年以内の物件をおすすめします。

また、新耐震基準か旧耐震基準の判定日である「建築確認済証」の交付日が1981年5月31日以前のマンションでも、耐震診断に基づいて耐震改修工事をおこない、耐震基準適合証明を受けているものは、新耐震基準をクリアしているといえます。

さらに、2000年の建築基準法改正によって、耐震基準や住宅性能表示などの制度が整備されています。

そのため、この改正以降に建築されたマンションは、住宅品質を重視したものが多く、二重床や床スラブ厚20cm以上など、建物の遮音性や断熱性などが大きく向上しています。

その上、2003〜2005年前後は、ディスポーザーや床暖房など便利な設備が普及した時代です。

皆さんが「価格」「税金」「耐震」「住宅品質」「設備」「管理」「資産価値」のうち何を重視するのか、立地などによっても変わりますが、**2000年代後半に建築された中古マンションはいいとこどりができる可能性が高い**といえます。

Valuable Secondhand condominium

11 まずはインターネットで検索してみよう！

ここまで読んでいただいた皆さまには、賢い中古マンションの選び方をご理解いただけたかと思います。価値あるマイホームを手に入れるため、ここからは実践方法について説明していきます。

不動産ポータルサイトから探そう

検索サイトには、不動産団体系と民間企業系があります。

新築のほか、中古マンションを扱っているサイトも多いので、覗いてみましょう。

不動産団体系の「不動産ジャパン」http://www.fudousan.or.jp/は、公益社団法人不動産流通推進センターが運営する、安心・安全な不動産取引をサポートする総合不動産情報サイトです。

図表30 不動産ポータルサイトを利用しよう!

サイト名	特徴	運営会社名URL
SUUMO（スーモ）	●リクルート運営の不動産・住宅に関する総合情報サイト ●リクルートが審査した不動産会社や住宅メーカー・工務店などの情報を掲載。登録している不動産会社が一番多いといわれる。CMやキャラクターも有名 ●写真や動画などが見やすく操作性が良い。お気に入り登録あり。スマホ検索にも対応 ●全国の新築マンション、新築一戸建て、中古マンション、中古一戸建て、土地、賃貸、注文住宅、別荘の物件情報はもちろん、リフォームや引っ越し、住まい選びのコツ、成功事例やエリア情報など「住まい」を探すカスタマーに役立つ情報提供あり	**リクルート** https://suumo.jp/
LIFULL HOME'S（ライフルホームズ）	●LIFULLが運営する不動産・住宅情報の総合サイト ●「賃貸領域で総合No.1」「売買、投資領域で総合No.2」の物件数No.1サイト。総掲載物件数6711945件（2018年11月3日現在） ●登録している不動産会社も多く、CMやキャラクターも有名 ●「免震」「駅近」など、キーワードからの検索もできる。お気に入り登録あり ●賃貸から住宅購入、注文住宅、リフォーム、不動産投資のほか、不動産用語集や住まい探しに役立つマニュアルなど、不動産に関するあらゆる情報提供あり	**LIFULL** https://www.homes.co.jp/
at home（アットホーム）	●不動産、住宅情報に関するサイト ●不動産会社間においてサイトが有名。加盟店が多い。アットホーム加盟・利用店数55216店（2018年11月1日現在） ●検索項目が見やすい。サクサク検索できページ移動に時間がかからない ●適度に情報更新されるため、新鮮な情報を見られる。CMでも知名度あり。お気に入りに登録すると、物件比較がしやすい ●賃貸、売買、マンション、一戸建てなど、住まいに関する情報のほか、不動産投資、不動産査定など、あらゆる不動産情報を掲載 ●知りたい・知って得する住まいのお役立ち情報、家賃・価格の相場情報、全国の人気物件ランキングなど情報満載	**アットホーム** https://www.athome.co.jp/

（公社）全国宅地建物取引業協会連合会、（一社）不動産流通経営協会、（公社）全日本不動産協会、（一社）全国住宅産業協会の4団体が情報提供し、トラブルが発生した場合は対応まで行ってくれます。

民間企業系では、SUUMOやLIFULL HOME'Sなどの不動産ポータルサイト、それぞれの不動産会社の独自ホームページがあります。

〈大手不動産会社のホームページ一例〉

・「三井のリハウス」三井不動産リアルティ▼https://www.rehouse.co.jp/
・「nomu.com（ノムコム）」野村不動産アーバンネット▼https://www.nomu.com/
・三菱地所リアルエステートサービス▼http://realnet.mecyes.co.jp/
・東急リバブル▼https://www.livable.co.jp/
・住友不動産販売▼https://www.stepon.co.jp/

検索エンジンの関連サイトでは、ヤフー不動産、楽天不動産、ニフティ不動産、エキサイト不動産、goo住宅・不動産、OCN不動産などがあります。気になる物件を見つけたら、掲載されている不動産会社に電話やメールですぐに問い合わせてみましょう。

また、情報は頻繁に更新されているので、時間が許す限り、毎日のチェックをおすすめします。頻繁にチェックすることで、希望エリアの相場がわかり、お得な物件もいち早く見つけることができます。

ただし、複数の不動産会社が同じ物件を紹介していることもある、ということは覚えておきましょう。

中古物件が多いサイトを活用しよう

新築と比べると中古物件の情報は、チラシやフリーペーパーなどには出回りにくい傾向があります。

それならば、専門サイトを見てみましょう。

国内最大級の物件登録数を誇る、中古物件の専門サイト「HOME4U（ホームフォーユー）」では、専有面積や間取り、価格帯など詳細な条件で、物件検索ができます。

また、全国各地域の相場など、効率的に情報を調べることができます。

・「HOME4U」NTTデータスマートソーシング▼http://www.home4u.jp/

「REINS Market Information」で価格相場を知ろう

希望に近い物件の取引事例を知るには、全国の不動産流通機構が運営する「レインズ・マーケット・インフォメーション」を確認しましょう。

マンション名などの詳細までは閲覧できませんが、エリア別に実際の成約価格がわかるため相場感を掴むことができます。

また、最寄り駅や築年数、専有面積や間取りなど、詳細な条件で並び替えできるので、目的にあった情報も検索しやすいのが特徴です。

検索時には、「都道府県」→「地域」の順で入力すると、「最寄り駅」「間取り」「築年数」などの追加検索条件が出てくるので、希望条件を絞り込んでいきましょう。

Valuable Secondhand condominium

12 新聞や雑誌、折り込みチラシをじっくりと見る

新聞や住宅情報誌のメリットは、写真や間取りなど物件情報がわかりやすいことです。また、広いエリアで物件を探すのにも有効です。

現在、住んでいる周辺の物件情報を得たい場合は、地域のミニコミ誌などの折り込みチラシやポスティングされる不動産会社のチラシを見てもいいでしょう。

その際、誤解を招く表示や実際の物件よりも優良であると見せかける「誇大広告」には注意しましょう。

「日本一」「業界初」「当社だけ」といった他社よりも優位性を誇張する言葉や、「最高級」「厳選」など最上級や一定の基準で物件が選別された表現「希少」「激安」「破格」といったお得感を表現するような不当表示は、宅地建物取引業法と景品表示法によって禁止されています。

また、不動産業界の「不動産の表示に関する公正競争規約」という規約で広告表示の仕方や基準なども定められています。

宅建業法や表示規約では、書いてはいけないことだけではなく、書かなければいけないことも定められています。次で詳しく見ていきましょう。

不動産広告のポイント

①「明るい」「広い」など主観的な表現の禁止……見る人によって感じ方が変わるため、広告では使用禁止。

②建築年月日の表示……中古物件の場合、建築年月日の表示が義務付けられている。

③建物面積（延床面積）……バルコニーやベランダは共有部分にあたるため、建物面積（延床面積）には含まれない。

④取引形態の表示……不動産広告には「売主」「貸主」「媒介」「代理」のいずれかの取引形態を表示することが義務付けられている。「媒介」は業界用語で「仲介」と同じ意味。

気をつけたいのは「おとり広告」です。実際には存在していない物件の広告を出し、住宅を探している方の反響を得ようとしている広告です。なかには少し前まで存在していた物件の掲載が残っているだけのこともありますが、故意に成約（売却済みの物件）を掲載し続けている場合もあります。人気の物件、好条件な物件であれば、反響を得られるためです。

たとえば、現地見学などの問い合わせをした際に、そのマンションは「契約済み」「いま商談中です」といわれ、別の物件の紹介がはじまるのです。

なかにはあえて連絡先を聞き出すため、確認して折り返しますと電話を切り連絡先を聞き出すようなケースも。類似条件の物件より価格が安い場合は、注意しましょう。

❶その物件の特徴、キャッチコピー

❷モデルルームなど現物とちがう写真に注意!

❸駅からの徒歩時間は80mで1分と計算。
信号待ちや坂道などは考慮されない。実際は歩くともっと遠いことも

❹数字は居室数、LDKはリビング、ダイニング、キッチンの略

❺バルコニー面積は専有面積に含まれない。50㎡以上が住宅ローン減税の対象

❻壁芯は壁の厚みを含めた面積なので実際はもう少し狭い

❼リフォーム済であれば、その内容と時期

❽入居できる時期を表示。「即入居可」は残金支払後すぐ入居可
「相談」は売主と協議のうえ決定

❾不動産の所在地の表し方は、一般的に住所といわれる「住居表示」と
「登記地番」があり、直接、売主に問い合わせがないよう、
地番までは明記されない

❿構造と物件の階数、取引対象物件の所在階を表示

⓫敷地の権利形態

⓬建築された年数(完成時期)の表示

⓭1カ月当たりの管理費と修繕積立金を分けて表示

⓮管理方式を表示。管理員が日中勤務は「通勤」、常にいるようなら「常駐」、
複数棟巡回なら「巡回」、いない場合は「自主管理」など

⓯4980万円の物件を広告主が仲介(媒介)として取引するということ
なかには、当社売主のため仲介手数料不要との表示も

⓰⓱ 分譲と施工を請け負った会社。ブランド力のある会社ほど人気が高い

⓲不動産会社(宅建業者)の情報。
商号、免許番号は不動産広告の必要記載事項。
国土交通大臣免許と都道府県知事免許の別があり、
(　)内の数字は免許の更新回数を表す。(　)の数字が多いほど古い

図表31 折り込みチラシでこんなことがわかる!

Valuable Secondhand condominium

13 不動産会社に駆け込むメリットは、「最新情報」「未公開物件」

不動産会社の店舗に行くメリットもあります。それはインターネットや広告に掲載されていない物件情報を得られることです。

「掲載手続きが遅れている」「退去した直後で公開する準備が整っていない」「掲載枠や掲載料の関係」「人気物件のため物件情報を公開する必要がない」「販売にかかる広告を売主が禁止している」など理由は様々です。

このように不動産会社や売主の事情でインターネットに公開できない物件を「**未公開物件**」といいます。

未公開物件というと怪しいと思うかもしれませんが、売主が個人で、媒体にかかわらず広告を禁止している場合、「売りたいけど販売しているのを近所に知られたくない」「この金額で売りにだしていると知られたくない」「居住中で部屋番号を知られたくない」などの理由があります。

では、未公開物件はどこにも情報が公開されていないのかというと、一般的に不動産会社のみが閲覧できる有料物件サイト「**レインズ**」には、情報が掲載されています。

今まで不動産会社に来店した際に、店員さんが希望条件を聞きながらパソコン操作をして、物件情報が載った紙を出力してくれたことはありませんか。これはレインズで物件を探し、物件情報をプリントアウトしてくれているのです。

また、不動産に詳しい売主の場合だと「**出回り物件**」になるのを避けて、あえて未公開物件にしている可能性もあります。出回り物件とは、いわゆる売れ残りの物件のことです。通常は3カ月ほどで売れる物件が多いため、それ以上、長期で売りに出されている物件が、このように呼ばれます。

出回り物件の場合、だいたいは相場と金額があっていない（つまり高い）場合が多いのですが、売れ残っていると「この物件には、何かあるのでは？」と思われ、問い合わせすらなくなってしまうことがあります。それを避けるために、未公開とする売主もいるのです。このように不動産会社の店舗に行かないと得られない物件情報もあります。不動産ポータルサイトへの登録作業を行ったばかりの最新情報を手にできたり、疑問点などを質問できるのは、大きなメリットといえるでしょう。

Valuable Secondhand condominium

14 不動産会社の会員登録で情報を得よう

ホームページを見ていて「この不動産会社いいな」と感じたり、不動産会社の店舗で「この担当者なら信頼できるな」と感じたら、会員登録をしたり、お客様情報を記入したりするのもおすすめです。

たとえば未公開物件でも、「会員への情報配信は、広告（広く告知する行為）ではない」と解釈されているため、希望する物件情報をいち早く知らせてもらえます。

未公開物件の場合、不動産会社は「誰に情報を渡したか」を把握するため、会員登録をしてくれたお客様にのみ情報を公開するためです。

会員登録をすると「物件情報の提供」「未公開物件も含めた自社サイトでの検索と閲覧、閲覧履歴の記録」「各種資料の入手」「セミナーや勉強会への招待」などのメリットがあります。一般的に会費等は無料。ただし、プライバシーポリシー（個人情報とプライバシー情報の取り扱い）の方針がしっかりしているかどうかは必ず確認してください。

おわりに

マンションは、安全・安心・快適で、より便利に生活をする場に

一昔前のマンションといえば、一戸建てを購入するまでの仮住まいというイメージがありました。そのため、マンション内での付き合いは希薄なものでした。

それが近年では、これまで住んでいた一戸建てを売却して、終の棲家としてマンションに移ってくる方や、最初から永住目的で購入する方も増えています。そのため、マンション内のコミュニティづくりが、活発に行われるようになってきました。

この社会的背景には、独居老人の孤独死や、共働き世帯の増加など、ライフスタイルの変化だけでなく、東日本大震災の影響も大きいといわれています。地震時、多くのマンションでは、停電やエレベーター停止が起こり、住民同士の助け合いが必要となりました。交通機関の大幅な乱れや機能停止によって帰宅困難になった方も多く、自宅に高齢者や子

供が残された世帯も多くありました。災害に立ち向かうには、「地域住民の助け合いが必要だ」と多くの人が認識しました。それは、マンションも例外ではありませんでした。居住者同士の人間関係を深めることは、今や重要な課題の一つとなっています。

たとえば、マンション内の集会室や近所の公民館を利用して、将棋やダンスの同好会を開いたり、ペットを飼っている人同士が集まる「ペットクラブ」を結成したりといったことが行われています。また、総会や消防訓練後にバーベキューを催したり、夏祭りなどのイベントを開催するマンションもあります。なかには、居住者が持ち回りで講師となり、得意なことをカルチャースクールのように教え合ったりする所も出てきました。子育て世帯を中心に、日頃お世話になっている管理員さんの似顔絵を描き、感謝を伝えるイベントや、定期的に演奏会や散策する会を運営して好評を得ているマンションもあります。

これからのマンションは、単に住むというだけの機能から、安全・安心・快適で、より便利に生活をする場としての意向が強まっているのです。中古マンションを選ぶ際にも、このような視点を取り入れると、購入後の新しい生活がより豊かで充実したものになるはずです。皆様が、ご自身のライフスタイルにあった理想の中古マンションを購入し、希望に満ちた新しい生活をスタートされることを、心からお祈りしています。

著者

【参考文献】

『めちゃくちゃ売れてるマネー誌　ザイが作った戦略的 マンション購入マニュアル』
東京カンテイ、中山登志朗、ダイヤモンド・ザイ編集部 著、ダイヤモンド社、2011 年 4 月

『人気のマネー誌 ZAi が作った家を買いたくなったら読む本』
小迎 裕美子、ダイヤモンド・ザイ編集部 著、ダイヤモンド社、2012 年 12 月

『日本一わかりやすいマンションの買い方がわかる本』 晋遊舎、2016 年 4 月

『最新版 マンション理事になったらまず読む本』 日下部理絵 著、実業之日本社、2011 年 7 月

『マンション管理組合・管理会社 これからのマンション管理ガイド』
日下部理絵 著、ぱる出版、2014 年 1 月

『まるわかりスマートマンション』 日下部理絵、古澤和也 著、住宅新報社、2015 年 1 月

『マンション建替えがわかる本　円滑化法改正でこう変わる!』
日下部理絵、本山千絵 著、学芸出版社、2015 年 7 月

『マンションの設備・管理が一番わかる』 日下部理絵 著、技術評論社、2016 年 4 月

『改訂3版 マンション管理員検定公式テキスト』 一般社団法人マンション管理員検定協会 著、日本能率協会マネジメントセンター、2018 年 3 月

［著者］

日下部　理絵（くさかべ・りえ）

大学在学中の2001年に実施された第１回マンション管理士・管理業務主任者試験に合格。大学卒業後、マンション管理会社勤務を経て、マンションの総合コンサルタント事務所「オフィス・日下部」を設立。女性ならではの視点で、マンション管理組合の相談や顧問業務にあたる。また、数多くの調査を通じて、中古マンションの実態に精通する。これまでに「東京都マンション管理アドバイザー」「東京都立城南職業能力開発センター マンション維持管理科 専任講師」「一般社団法人マンション管理員検定協会 理事長」「一般社団法人マンション建替支援機構 副理事長」などを歴任。マンションやマンション管理に関して、セミナー講師やコーディネーター、テレビ・ラジオ番組などにも出演多数。
また、マンション好きが高じて、個人投資家として区分所有物件を都心部中心に複数保有している。
主な著書に、『マンション理事になったらまず読む本』（実業之日本社）、『マンション管理組合・管理会社 これからのマンション管理ガイド』（ぱる出版）、『マンションの設備・管理が一番わかる』（技術評論社）、『目指せ！マンション管理員』（住宅新報社）などがある。

マイホームは価値ある中古マンションを買いなさい！

2019年１月16日　第１刷発行
2020年７月31日　第２刷発行

著　者――――日下部 理絵
発行所――――ダイヤモンド社
〒150-8409　東京都渋谷区神宮前6-12-17
https://www.diamond.co.jp/
電話／03･5778･7234（編集）　03･5778･7240（販売）

装丁―――――萩原弦一郎（256）
本文デザイン・DTP―荒井雅美（トモエキコウ）
カバー・本文イラスト―村山宇希（ぽるか）
校正―――――鷗来堂
製作進行―――ダイヤモンド・グラフィック社
印刷・製本――三松堂
編集担当―――高野倉 俊勝

ISBN 978-4-478-10396-8